Katharina Pavlustyk

Auf Umwegen zum Glück

Wie ich versucht habe, glücklich zu werden,
und was ich dabei gelernt habe

© 2018 Katharina Pavlustyk
Cover: Henrique Art/99designs.com

Verlag & Druck: tredition GmbH, Halenreie 40-44, 22359 Hamburg

ISBN
Paperback   978-3-7469-5573-5
E-Book   978-3-7469-5575-9

Druck in Deutschland und anderen Ländern

Inhaltsverzeichnis

Verdammt, wie bin ich da bloß reingeraten?

Mit dem ersten Arbeitstag verbinden die meisten Menschen etwas Aufregendes, einen neuen Abschnitt in ihrem Leben. Wer einen neuen Job antritt, möchte einen guten Eindruck machen, sich von der besten Seite zeigen, mit den neuen Kollegen gutstellen. Er denkt schon Tage vorher nach, was er anzieht, und darüber, ob er zum Einstand einen Kuchen mitbringen soll oder nicht. Mir ist das alles vollkommen egal. Ich habe keinen Kuchen mitgebracht. Ich sitze in einem großen Büro mit vier Kollegen, und während einer mir das Programm erklärt, mit dem ich arbeiten werde, macht sich in mir das Gefühl breit, dass ich hier falsch bin. Absolut falsch.

Okay, vielleicht sollte ich weiter vorn anfangen. Ich bin Katharina und habe eine Stelle angetreten, die ich nicht hätte antreten sollen. Warum habe ich das getan? Weil mein Freund und ich den Mietvertrag für eine

Wohnung unterschrieben haben, die wir uns ohne meinen Job nicht leisten können. Das ist zumindest die Kurzfassung der Geschichte. In zwei Wochen ist der Umzug, die Freunde haben zugesagt zu helfen, die aktuelle Wohnung ist gekündigt und die Hälfte unserer Sachen ist verpackt in Kartons. Und ich sitze da, auf diesem Bürostuhl, auf dem schon unzählige Redakteure gesessen haben, und könnte nur noch heulen. Ich will hier nicht sein – aus einer Vielzahl von Gründen.

Ich will eigentlich selbstständig arbeiten, Bücher schreiben und die Welt bereisen. Dennoch sitze ich jetzt hier, in diesem Büro. Verdammt, wie bin ich da bloß reingeraten?

Na ja, es gibt auch hier eine Vielzahl von Erklärungen. Doch im Moment denke ich nicht über sie nach. Stattdessen habe ich das Gefühl, das ich gleich implodiere. Dass es „bumm" macht und ich nach dem großen Knall nur noch wie eine Katharina-Hülle aussehen werde – mit rosa Matsch im Inneren. Aber ich lächle weiter und nicke, während der neue Kollege mir erklärt, wie ich Zeitungsseiten baue, wie ich Artikel aus Zeitung X auf Seiten von Zeitung Y setze. Wieso nur habe ich diesen Job angefangen? Ach ja, das Geld ... Einer der Gründe pro Festanstellung.

Aber so ist das doch im Leben?! Man geht studieren oder macht eine Ausbildung, man findet einen Job, tauscht seine Rostlaube gegen ein schönes Auto ein, zieht aus der WG oder dem Hotel Mama aus und mietet eine Wohnung. Dann arbeitet man sich hoch, kauft ein noch schöneres Auto und eine Eigentumswohnung, die man die nächsten zwanzig, dreißig Jahre abbezahlt.

Eigentlich war das in den vergangenen paar Jahren genau das Konzept, nach dem ich nicht leben wollte. Aber was soll's? Vielleicht brauche ich doch mehr Struktur, vielleicht kann ich mich mit einem ganz normalen Leben arrangieren.

Da sind so viele unterschiedliche Stimmen in meinem Kopf. Die wollen alle etwas anderes.

Doch ich spüre mit jeder Faser meines Körpers, dass ich in dieser Redaktion fehl am Platz bin. In der Mittagspause kriege ich kaum etwas von meinem Essen herunter. Und als ich nach acht Stunden Arbeit nach Hause fahre, heule ich hemmungslos und frage mich, was ich getan habe. Wie soll ich mir mit DEM Job die

Zeit nehmen, um Bücher zu schreiben und zu reisen? Wie soll ich SO ein selbstbestimmtes Leben führen?

Und am wichtigsten: Wie konnte ich in diese Situation geraten? Ich hätte es doch besser wissen müssen. Ein Jahr, vier Monate und acht Tage vor diesem ersten Arbeitstag habe ich angefangen, nach meinem Glück zu suchen. Ich wollte erfahren, wer ich bin und was ich gut kann und wie mein Leben sein soll und so.

Ein Jahr habe ich damit verbracht, glücklich zu werden. Und ich hatte den Eindruck, ich hätte es verstanden.

Warum beschleicht mich jetzt das Gefühl, dass ich in all den Büchern, Seminaren und Gesprächen nichts gelernt habe? Ich habe des Geldes wegen einen Job angenommen, der mir und meinen Fähigkeiten nicht entspricht. Ich soll in zwei Wochen in eine große Wohnung umziehen, die ich mir ohne diese Arbeit nicht leisten kann. Ich sitze da und heule, weil ich mich in eine Situation hineinmanövriert habe, aus der es keinen Ausweg gibt.

Ein Jahr, vier Monate und acht Tage zuvor

Angst. Sorgen. Zweifel. Sie begleiten viele Menschen jeden Tag, von morgens bis abends. Auch mich. Sie haben sich irgendwann in mein Leben geschlichen und breitgemacht. Wie ein unliebsamer Gast, der sagt, er bleibe nur eine Nacht. Und dann nimmt er das Wohnzimmer in Beschlag, futtert den Kühlschrank leer, sitzt den ganzen Tag vor dem Fernseher und macht dir auch noch Vorwürfe, weil du es nicht geschafft hast, einkaufen zu gehen.

Als Kind war ich fröhlich und neugierig und mutig. Ich bin in einem kleinen Dorf in Russland aufgewachsen und habe echte Freiheit erlebt. Ich habe es genossen, Kühe oder Schafe auf der Wiese zu hüten. Ich durfte draußen spielen und mich dreckig machen. Als Achtjährige bin ich mit meinem Bruder auf dessen Mofa mitgefahren – und wir stürzten damit auf einer unbefestigten

Straße. Mein Bruder war damals zehn oder elf Jahre und erst ein halber Fahrprofi. Alles war ein Abenteuer. Auch der Umzug nach Deutschland, als ich neun Jahre alt war.

Ich habe mich riesig darauf gefreut; ich hatte alle deutschen Wörter aufgesogen, die Mama uns vorher mit einer Fibel beigebracht hatte. Okay, ich konnte „Ente" und „Ende" noch nicht unterscheiden. Aber das war nicht so wichtig. Damals habe ich mir keine Gedanken darüber gemacht, was andere von mir denken könnten. Ich habe meine Meinung gesagt. In der fünften Klasse – das muss etwa ein Jahr nach unserem Umzug nach Deutschland gewesen sein – bat uns die Religionslehrerin, eine junge Frau, die uns Kinder ernstnahm, ihr zu sagen, was sie am Unterricht verbessern könnte. Wir Schüler saßen in einem Stuhlkreis und ich – fleißiges und strebsames Kind, das ich nun einmal war –, riss meine Hand nach oben und verkündete freudestrahlend: „Ich möchte mehr Hausaufgaben!"

Gut, im Nachhinein betrachtet, kein toller Weg, um sich beliebt zu machen. Aber das war mir damals egal.

Ich stand wie ein Felsen hinter meinem Wort und meiner Meinung.

Doch das änderte sich mit der Zeit. Wir alle machen auf dem Weg ins Erwachsenenleben viele Erfahrungen – gute und schlechte. Viele Menschen können besser oder schlechter mit diesen Lektionen des Lebens umgehen. Ich war richtig mies darin.

Es gibt ein Foto, das mich, meine Mutter und meine sechs Jahre ältere Tante im Ungarnurlaub zeigt. Ich war damals vierzehn und befand mich in einer dunklen Phase: sprichwörtlich und im übertragenen Sinn. Die dunklen Wolken schienen mich zu jener Zeit überallhin zu begleiten. Ich war in der Pubertät. Aber das war nicht das Schlimmste. Durch Erfahrungen, die ich gemacht hatte, hatte ich auch die Hoffnung auf alles Gute verloren.

Jedenfalls sieht man mich auf diesem Foto, das ich meine, zwischen meiner Mutter und meiner Tante. Meine Tante steht da in ihrem sommerlichen Trägerkleid, den linken Arm in die Hüfte gestemmt, glückselig lachend. Meine Mutter, in einem bunt gestreiften Kleid, lächelt mindestens ebenso schön, den rechten Arm hat sie an ihrem Hinterkopf. Und dazwischen ich: schwarzes Kleid, hängende Arme, keine Gesichtsregung. Ich sehe auf dem Bild aus wie das, was später einmal Emo genannt werden sollte. Ich war aber kein Emo, ich war kein Metal-Fan und auch kein Goth. Ich war traurig und habe meine Traurigkeit für mich behalten. Ich war verschlossen und irgendwie deprimiert.

Na ja, die Gründe dafür, wieso ich den Spaß im Leben verloren hatte, sind meine Gründe. Das würde jetzt den Rahmen sprengen. Fakt ist, dass es eine Zeit gab, in der ich meinem Tagebuch anvertraute, dass ich mich dick und hässlich fühlte, obwohl ich ein ganz normales Mädchen war, das sich bloß irgendwie verloren hatte.

Eine Weile fand ich es interessant, dass manche im Leben bestens zurechtzukommen scheinen und zielstrebig ihren Weg gehen, während andere – mich eingeschlossen – sich selbst im Dickicht der Zweifel, negativen Gedanken und Emotionen verlieren.

Letztlich streben wir doch alle nach Zufriedenheit, nach Glück. Und einige scheinen es gepachtet zu haben, wohingegen andere ständig am Leben zu scheitern drohen und depressiv werden. Und wenn es einem dann erst mal schlecht geht, läuft alles nur noch schief. Das Glas ist nicht nur halb leer, es befindet sich kein einziger Tropfen mehr darin.

Schon klar, alles eine Frage der Perspektive. Wer sich meinen Lebenslauf anschaut, wird sagen, dass ich keinen Grund habe, unglücklich zu sein. Nach dem Umzug nach Deutschland habe ich einen Realschulabschluss und Abitur gemacht, ich habe Germanistik und Pädagogik studiert, hatte einen spannenden Job als Redakteurin bei einer Tageszeitung.

Es lief nach außen hin alles in geregelten Bahnen. Und doch war ich nie wirklich zufrieden. Ich war nie stolz auf das, was ich erreicht hatte. Ich habe es nie als etwas Besonderes gesehen: Tausende und Abertausende machen Abi und gehen studieren. Mein Abischnitt war mit 2,0 nichts Herausragendes – bei der Absolventenfeier habe ich übrigens geheult, weil mir ein Punkt (!) – zur 1,9 gefehlt hat. Die Note 1,7 erreichte ich dann in meiner Magisterarbeit, vermieste mir jedoch den Schnitt in der mündlichen Prüfung und landete bei einer 2,6 als Gesamtnote. Noch heute denke ich manchmal an die Absolventenfeier oder diese mündliche Prüfung. Noch immer hängen sie als Belege meines Versagens über mir.

Nun ja, genug davon. Ich hatte mich jedenfalls verloren. Und wie findet man sich selbst wieder, obwohl man doch jeden Morgen als man selbst aufsteht? Wo und wie findet man das Glück? Und was ist das überhaupt?

Ich dachte, ich wäre glücklicher in einer neuen Stadt, mit einem neuen Job. Doch Fehlanzeige. Auch nachdem ich meinen Job als Redakteurin aufgegeben hatte und aus der Provinz in die Großstadt gezogen war, was viele Jahre mein Traum gewesen war, fühlte ich mich unglücklich. Ich arbeitete als PR-Redakteurin in einer Agentur und hatte tolle Kollegen und noch größere Freiheiten als in meinem vorherigen Job. Dennoch fühlte ich mich gefangen. Na ja, ich hatte mich ja selbst mitgenommen.

Die Flucht an andere Orte, in andere Jobs oder Umstände, in die Arme eines anderen Partners macht jedenfalls nicht glücklich. Zumindest nicht auf Dauer. Etwas Neues kann kurz euphorisieren. Eine Veränderung kann im ersten Augenblick wie das große Los erscheinen. Doch diese Wolke, auf der man zu schweben scheint, löst sich schon sehr bald in Wohlgefallen auf – und man landet auf dem harten und dreckigen Boden der Tatsachen.

Und da war ich nun. Mal himmelhoch jauchzend, mal zum Tode betrübt, wie Goethe zu sagen pflegte. Morgens quälte ich mich aus dem Bett, um in die Agentur zu fahren. Die meisten Aufgaben dort erledigte ich mit links und verbrachte Stunden und Stunden damit, nach alternativen Lebens- und Arbeitsmodellen zu googeln, Blogbeiträge über Selbstständigkeit und passives Einkommen zu lesen. Abends konnte ich mich jedoch zu nichts aufraffen und schaute irgendwelche Videos und Filme.

Ich wusste, dass mein Leben anders sein sollte. Bloß wie? Was sollte ich tun? Ich fing an, mit Menschen zu sprechen, die glücklich sind und ihre Berufung gefunden haben, und lernte Andreas Gregori kennen.

Er hatte mit 35 Jahren alles erreicht, wovon viele Menschen träumen. Er hatte BWL studiert und saß in der Geschäftsführung eines mittelständischen Unternehmens. Geld, Autos, eine große Wohnung. Andreas lebte im Wohlstand. Dennoch war er nicht glücklich. Er wollte irgendwie durchs Leben kommen, um es dann später als Rentner zu genießen. Weil er verstehen wollte, was Glück ist und wie man es findet, fing er an, glückliche Menschen zu interviewen. Er entdeckte dadurch seine Stärken und sein eigenes Glück.

Andreas und ich blieben nach unserem Gespräch im Kontakt. Als ich erfuhr, dass er eine Veranstaltung zum Thema Glück in der Nähe meines Wohnortes organisierte, fuhr ich hin. Und schneller als mir lieb war, trat ich eine Reise an, die schon sehr lang fällig gewesen war: eine Reise zu mir selbst und zu meinem Glück.

Lektion 1: Glück ist für jeden etwas anderes

Wo bin ich hier bloß gelandet? Am liebsten würde ich wieder nach Hause fahren. Ja, ich wollte das Glück finden – und will es immer noch. Aber im Moment habe ich das Gefühl, dass der Besuch dieses Glückfindertages doch eine blöde Idee war. Eine ganz blöde Idee.

Andreas Gregori organisiert die Veranstaltung in Essen – und in diesem Jahr noch fünf weitere in anderen Städten in Deutschland. Er spricht mit Menschen, die ihr Glück gefunden haben, und erzählt ein bisschen über verschiedene Aspekte des Glücks. Und obwohl es hier um nicht viel mehr geht als Zuhören, bin ich nervös und angespannt. Ich habe das Gefühl, dass alle anderen Besucher zu einer eingeschworenen Gemeinschaft gehören. Alle umarmen sich und haben sich lieb, sie lächeln und beginnen Sätze mit „Na, du?!"

Was für eine Sekte ist das? Und was wollen die hier? Die sehen nicht so aus, als wären sie auf der Suche nach Glück. All die lächelnden Menschen – es sind um die neunzig Personen, vorwiegend Enddreißiger bis Mittfünfziger – machen mich noch unsicherer. Ich fühle mich total fehl am Platz und beruhige mich mit dem Gedanken, dass ich ja weiß, wo die Tür ist und sofort abhauen kann, wenn mir das hier zu bunt wird. Auf so eine esoterische Wir-haben-uns-alle-lieb-Scheiße habe ich echt keine Lust.

„Hey, ich bin der Jan." Ein groß gewachsener Mann reißt mich kurz aus meinen Gedanken. Nach wenigen Minuten weiß ich mehr über ihn, als mir lieb ist. Was er beruflich macht (Steuerberater), wie viele Kinder er hat (drei), dass er sich gerade hat scheiden lassen und mit seiner neuen Freundin zusammenzieht, dass er total happy ist, bei diesem Glückfindertag dabei zu sein, weil er vor einigen Jahren selbst in einer tiefen Depression gesteckt hat und sich jetzt auf dem Weg der Besserung befindet.

Ich sage nichts. Ich lächle und nicke immer mal wieder, schiebe ein „oh" hier und ein „hm" dort ein. Nach dem Gespräch mit Jan merke ich, dass ich wohl doch nicht die Einzige in diesem Raum bin, die nicht jeden Tag auf rosa Wolken läuft. Man kann den Menschen eben auch nur vor den Kopf schauen.

Der Veranstaltungssaal füllt sich allmählich. Andreas, der Verursacher dieses Happenings, wird freudig begrüßt. Er umarmt einige Gäste, bekommt von ein paar von ihnen Geschenke. Was zur Hölle? Ehrlich, warum bin ich hier? Habe ich erwartet, dass ich diese Veranstaltung besuche und fröhlich hüpfend nach Hause gehe?

Irgendetwas hält mich jedenfalls in diesem Raum mit einem Kronleuchter aus angemalten Barbiepuppen. Ich setze mich in die hinterste Reihe und dann geht es los. Und zwar mit einer Information, die mich ein wenig verwirrt:

„Wir sind alle perfekt", sagt Andreas. „Alles, was wir zum Glücklichsein brauchen, liegt bereits in uns."

Na super, dann hätte ich auch zu Hause bleiben können.

Dass Job, Geld und andere materielle Freuden auf Dauer nicht glücklich machen, weiß ich bereits. Ich hatte alles davon: einen Job, von dem viele träumen, genug Geld auf dem Konto, um von heute auf morgen eine Weltreise zu machen, eine schöne Wohnung, mehr als fünfzig Paar Schuhe, einen riesigen Schrank voller Klamotten und Schmuck in allen Regenbogenfarben. Und trotzdem lag ich an einigen Tagen tieftraurig im Bett, nicht wissend, was mit mir los ist. Ich habe geweint und hatte keine Ahnung, warum.

Die Wurzeln allen Übels liegen, wie ich jetzt erfahre, in der Kindheit begründet. In der Kindheit, oder besser gesagt, dank der Erziehung bekommen wir Macken, die wir ins Erwachsenenalter mitschleppen. Als kleine Kinder sind wir mutig, stellen Fragen, weil uns die Antworten wirklich interessieren und wir darauf brennen, Antworten zu erhalten.

Ich war auch ein neugieriges Kind, ich wollte alles wissen. Als mein zweieinhalb Jahre älterer Bruder in die Schule kam, wäre ich am liebsten mitgegangen. Weil das nicht ging, war ich immer dabei, wenn meine Mutter mit ihm Lesen übte. Sie saßen auf dem Sofa und ich stand ihnen gegenüber und lernte so Lesen – spiegelverkehrt.

Gut, neugierig bin ich auch heute noch. Ist das der Grund, wieso es mich irgendwann in den Journalismus gezogen hat? Oder die Tatsache, dass das der heimliche Berufswunsch meiner Mutter war? Egal.

Ich bin im Studium jedenfalls in den Journalismus reingerutscht und habe als freie Mitarbeiterin über Schützenfeste geschrieben, über Konzerte und Ausstellungseröffnungen. Die meiste Zeit habe ich das sehr gern gemacht; ich fühlte mich bedeutend. Mein Name stand in der Zeitung! Mir war es egal, dass ich als Kellnerin wahrscheinlich mehr Geld verdient hätte. Ich wollte unbedingt Redakteurin werden, und als ich es war, veränderte sich die Art, wie ich Fragen stellte. Irgendwann war mein Job eben nur noch das: ein Job. Die Dinge, die ich erfragte, interessierten mich nicht wirklich. Mein Ziel war es, möglichst schnell an Informationen zu gelangen, um möglichst schnell einen Artikel zu schreiben, möglichst schnell die Zeitungsseite fertigzustellen, möglichst schnell Feierabend zu machen und möglichst schnell nach Hause zu kommen, wo ich dann vor dem Fernseher saß und anderen Menschen dabei zusah, wie sie Spaß hatten.

Warum ist das so gekommen?

Ich meine, wie ist es denn meistens? Als Kinder machen wir lustige Sachen und kümmern uns nicht darum, was andere sagen. Bis der Zeitpunkt kommt, da uns die Erwachsenen lehren, uns in ihre Welt einzufügen. So habe auch ich gelernt, dass es sich nicht schickt, ein Kleid meiner Mutter anzuziehen und damit vor meinem Bruder und seinen Freunden herumzustolzieren. Dass es nicht gut ist, durch Pfützen zu springen und sich nass und dreckig zu machen. Irgendwann lernen die meisten Kinder, lieb und brav zu sein.

Wie so viele habe auch ich gelernt, dass ich am besten durchs Leben komme, wenn ich das tue, was die Erwachsenen wollen. Ich war eine Vorzeigetochter und Musterschülerin. Und das hat viele Jahre funktioniert. Doch irgendwann nicht mehr. Nach vielen Jahren, in denen ich den Ratschlägen der Erwachsenen gefolgt war, wusste ich selbst nicht, was ich wollte. Ich wusste nicht, welchen Job ich machen, wie ich leben wollte, wer ich überhaupt war. Selbst als freie Mitarbeiterin bei der Zeitung war ich nicht glücklich, wenn ich ehrlich mit mir selbst bin. Ich war gehemmt in Interviews, ich habe meine Meinung nicht verteidigt, ich hatte Freunde, die mir nicht guttaten. Das zog sich so durch, ohne dass ich dem eine Bedeutung zumaß. Und irgendwann wachte ich auf und stellte fest, dass mein Selbstwertgefühl im Keller war. Von Glück keine Spur.

„Glück bedeutet für mich, dass ich mich in einundfünfzig Prozent der Zeit gut fühle", sagt Andreas und reißt mich aus meinen Gedanken. Er erzählt von den insgesamt sechs Glückfindertagen in diesem Jahr und den zwölf Themen, die dabei angesprochen werden.

„Wenn ihr diese zwölf Themen kennengelernt habt, wird es euch leichtfallen, ein glückliches Leben zu führen", verspricht er.

Was ist das für ein Möchtegern-Guru?, denke ich. Und: sechs Veranstaltungen? Im Moment will ich unbeschadet diese eine überstehen.

Bei dieser geht es um die ersten zwei Themen: Fragen stellen und Zuhören. Aha, denke ich. Demnach sollte ich doch schon glücklich sein. Als Journalistin habe ich unentwegt Fragen gestellt und anderen Menschen zugehört. Und nun? Hat mich das glücklich und zufrieden gemacht? Nö.

Gut, Andreas meint etwas anderes. Er erzählt die Geschichte einer jungen Frau mit einem Aneurysma im Gehirn und einer halbseitigen Lähmung. Im Krankenhaus, kurz vor einer Operation, stellte sie sich die Frage, warum sie nicht singe. Sie habe schon immer singen wollen, sich aber nie getraut. Und nun, da es um ihre Gesundheit denkbar schlecht stand, versprach sie sich, dass sie singen würde, sobald sie wieder genesen wäre. Und tatsächlich: Ihr Zustand verbesserte sich nach der OP deutlich. Sie löste ihr Versprechen sich selbst gegenüber ein, tritt heute mit einer Band auf und ist erfolgreich mit ihrer Musik.

Geschichten wie diese gibt es zuhauf. Menschen, die dem Tod von der Schippe gesprungen sind, die nach einer schmerzlichen Erfahrung ihr Leben verändert haben und nun glücklich und zufrieden sind.

Klingt nach einem kitschigen Märchen. Und ich glaube nicht an Märchen, weil das Leben keines ist. Was passiert, wenn Dornröschen und ihr Prinz den Alltag miteinander bestreiten? Leben sie glücklich bis an ihr Lebensende? Wohl kaum. Klar, es gibt glückliche Paare, die mit den Jahren fester zusammenwachsen und sich auch bei der Silberhochzeit wie frisch Verliebte anschauen. Und dann gibt es die meisten anderen, die sich wegen der Art zoffen, wie man Geschirr in die Spülmaschine stellt.

„Wir müssen die richtigen Fragen stellen", sagt Andreas. „Und die richtigen Fragen kommen zur richtigen Zeit. Wenn wir uns immer wieder fragen, ob wir etwas Bestimmtes tun sollen, erhalten wir eine Antwort."

Ich weiß, was Andreas meint. Vor einiger Zeit ging es mir echt mies. Mein Leben bestand aus Arbeit in der Redaktion, Arbeit zu Hause, aus Fernsehen und Schlafen. Ich fragte mich damals, ob ich meinen Job als Redakteurin aufgeben sollte. Ständig schwankte ich zwischen Über- und Unterforderung. Entweder ich kam erst spät abends nach Hause, weil ich noch Termine für die Zeitung hatte, oder ich war mit meiner Zeitungsseite schon sehr früh fertig. Und weil man als Angestellter eine gewisse Zahl an Stunden im Büro präsent sein muss und andere seine Arbeit am späten Nachmittag begutachten und bewerten, surfte ich an einigen Tagen eben im Internet, während ich auf den Anruf wartete, nach dem ich entweder Feierabend machen oder die

Zeitungsseite umbauen musste. Das stellte ich eine ganze Weile nicht infrage. Machen ja ganz viele so, oder?

Doch nach und nach ging es mir mit meiner Lebensführung immer schlechter. An einem Tag war es so schlimm, dass ich im Büro vor meinem Rechner saß und keinen klaren Gedanken fassen konnte. Ich musste etwas schreiben und mein Kopf war absolut leer, alle Ideen, alle Worte – wie weggefegt. Ich bekam Panik, aber ich musste funktionieren. Ich konnte nicht einfach nach Hause gehen, obwohl ich vielleicht genau das hätte tun sollen. Ich wollte nur noch Ruhe haben, die Rollläden herunterlassen, im Bett liegen. Am liebsten mehrere Tage. Doch Ruhe gönnte ich mir nicht. Und irgendwann streikte mein Kopf. Er gehorchte mir einfach nicht. Das machte mir große Angst.

Mein Zustand in den Wochen rund um diese Situation war mehr als schlecht. Ich freundete mich mehr und mehr mit der Vorstellung an, etwas Neues zu versuchen. Raus aus dem Journalismus, rein in etwas anderes. Etwas, das vielleicht gar nichts mit dem Schreiben zu tun haben würde. Ich wollte etwas verändern, hatte aber auch riesige Zweifel. Ich dachte: Wer will mich denn überhaupt? Ich kann doch gar nichts außer schreiben.

So ging das einige Zeit. Und eines Tages, als ich nach der Arbeit zu meinem Auto schlurfte, sah ich etwas, das mir wie ein Zeichen erschien. Ich arbeitete damals in einer kleinen Stadt in Ostwestfalen und gerade deshalb bedeutete mir das, was ich erblickte, so viel: ein Auto mit dem Dortmunder Kennzeichen DO-IT. Do it. Tu es. Für mich war damit alles klar.

„Wenn wir bereit sind, werden wir eine Antwort erhalten", sagt Andreas. Ich war bereit und habe meinen Job aufgegeben. Nicht sofort natürlich. Es folgten mehrere Monate des Zweifels. Glücklicherweise machte es mir mein damaliger Arbeitgeber leicht zu gehen. Sagen wir so, die Zeit, nach der ich einen Festvertrag hätte bekommen sollen, war längst überschritten. Dennoch sollte mein Vertrag vorerst wieder nur um ein Jahr verlängert werden. Ich lehnte ab.

Wenn ich so darüber nachdenke, war es die richtige Entscheidung. Denn sie hat dazu geführt, dass ich mir einen Wunsch erfüllt habe, den ich schon an der Uni

hatte: Ich bin in eine Großstadt gezogen. Nach Düsseldorf.

Neuer Job, neue Wohnung. Den ersten Monat war
ich total happy. Doch schon im Monat darauf fiel ich
wieder in ein Loch. Ich hatte meine Probleme in die
neue Stadt mitgenommen. Na super.

Hätte es nicht auch mal klappen können? Annette
Rosskamp, die Andreas nun auf die Bühne holt, hat ein
Job zu einem glücklichen Leben verholfen. Sie arbeitet
in einem Kinderhospiz und begleitet Familien von Kindern, die austherapiert sind. Sie hat ständig mit dem Tod
zu tun und ist glücklich.

Annette arbeitete lange als Bürokauffrau, dann heiratete sie, bekam mit ihrem Mann zwei Kinder, trennte
sich von ihm. Sie verkaufte später Versicherungen, um
mehr Geld zu verdienen. Als der Sohn einer ihrer
Freundinnen an Leukämie erkrankte und starb, ging die
Trauergesellschaft mit Luftballons zur Beerdigung.
„Das wurde richtig zelebriert", sagt Annette. Für sie war
das ein Schlüsselerlebnis. Sie wusste, sie wollte sich um
kranke Kinder kümmern. Also engagierte sie sich erstmal in einem Verein, der kranken Kindern Herzenswün-

sche erfüllt. Mehr und mehr formte sich in ihr die Vorstellung von ihrem künftigen Leben. Sie wusste, sie würde Eltern begleiten, deren Kinder sterben. „Die Kinder haben mir gezeigt, wie man lebt", sagt sie. Sie fing von vorn an – mit fünfundfünfzig Jahren.

Wow. Ich weiß nicht, was ich denken soll. Im Tod hat sie das Leben entdeckt. Ihre Geschichte raubt mir den Atem. Die Atmosphäre im Saal ist bedrückend. Einige wischen sich Tränen aus den Augen. Auch ich fühle mich unbehaglich.

Wir sind alle so unterschiedlich. Ich sehe im Tod etwas anderes als Annette. Für mich hat er nichts Schönes. Ich selbst habe keine Angst davor zu sterben. Aber die Vorstellung, einen nahen Angehörigen zu verlieren, bereitet mir Schmerzen und schnürt mir die Luft ab.

Erst wenige Monate vor diesem Glückfindertag habe ich meine russische Oma verloren. Ich war allein nach Russland geflogen, um sie noch einmal zu sehen. Sie war immerhin schon fünfundneunzig Jahre alt. Ich bin nicht sicher, ob sie mich überhaupt noch wahrgenommen hat. Es ging ihr nicht gut. Sie lag nur noch, aß kaum noch etwas und war in einem Dämmerschlaf. An zwei Nachmittagen war ich bei ihr, hielt ihre Hand, flüsterte ein paar Sätze, weil ich nicht wusste, was ich sagen sollte. Und dann, wenige Stunden, nachdem ich zum Übernachten zu meiner Tante und meinem Onkel gegangen war und an deren Küchentisch in eine Pirogge beißen wollte, klingelte das Telefon.

Ich war dabei, als meine Oma entkleidet und gewaschen wurde. Ich war dabei, als sie aufgebahrt wurde, als meine Tanten die ganze Nacht hindurch die Totenwache hielten und beteten. Ich konnte meine Tränen kaum zurückhalten, als die Nägel in den Sargdeckel gehauen wurden. Nie werde ich diese Bilder vergessen.

Wie kann sich jemand tagtäglich mit dem Tod beschäftigen und glücklich sein? Mich würde das fertigmachen. Vor einigen Jahren habe ich als freie Journalistin einen Tag lang einen Bestatter begleitet und war den Tränen nahe, obwohl ich den Mann, der an diesem Tag beigesetzt wurde, nicht einmal kannte. Die Atmosphäre in der Kirche hat mich damals total aufgewühlt.

„Ich bin meiner Herzensmelodie gefolgt", sagt Annette. Nun, ihre Herzensmelodie ist eine andere als meine. So viel steht fest.

Das beklemmende Gefühl, das ich in der Brust spüre, will nicht weichen. Ich habe einen Kloß im Hals. Das ändert sich auch in der Pause nicht, als die meisten Zuhörer zum Mittagessen ausschwirren. Ich habe keinen Hunger. Ich könnte jetzt nichts herunterbekommen.

Mein Sitznachbar bleibt auch im Raum, wartet, bis seine Freunde vom Rauchen zurückgekommen sind.

„Was ist Glück für dich?", frage ich ihn. Er lächelt, überlegt ein paar Sekunden.

„Es gibt für mich nicht DAS große Glück", sagt er.

Na großartig, noch einer. Warum können die, die das Glück augenscheinlich gepachtet haben, es nicht mal verständlich erklären?

„Auch wenn ich manchmal stressige Tage habe, an denen alles schiefläuft und ich mich über irgendwelche Dinge ärgere, gibt es trotzdem immer etwas, das mich auch glücklich macht. Es gibt immer eine Kleinigkeit, über die ich mich freue, zum Beispiel, dass ich gesund und am Leben bin", sagt er.

Dennis, das ist der Name meines Sitznachbarn, hat früher – so wie ich – gedacht, dass ihn eine schöne Wohnung und ein Job, in dem er viel Geld verdient, glücklich machen würden. Und dann hatte er alles, wovon er geträumt hatte, und stellte fest, dass diese äußerlichen Dinge doch nicht das Wahre sind.

„Was ist denn für dich Glück?", fragt er und trifft mich unvorbereitet. Ich bin die, die hier die Fragen stellt. Antworten habe ich selbst eher selten auf die Fragen des Lebens. Ich denke nach, versuche, etwas Schlaues zu sagen, auch wenn es vielleicht gar nicht stimmt, doch mein Hirn kapituliert.

„Ich weiß es nicht", sage ich. Und das ist in diesem Augenblick, in diesem kurzen Gespräch mit einem völlig fremden Menschen die nackte Wahrheit. „Ich halte mich für keinen glücklichen Menschen."

Nicht einmal vor einigen Freunden würde ich das zugeben. Da bin ich stark und unerschütterlich. Ich erzähle nur von den Dingen, die mir gelingen. Es muss halt immer weitergehen, nicht wahr?

Als Dennis auch zum Mittagessen verschwunden ist, fliegen die Gedanken quer durch meinen Kopf. Zwischen all den Menschen, die lächeln, sich umarmen, über Glück sprechen, fühle ich mich allein, tief traurig.

Ich habe Angst. Vor dem Scheitern. Vor dem Leben. Vor allem.

Was Dennis gesagt hat, leuchtet mir ein. Er hat gelächelt, als er mir von seiner Definition von Glück erzählte, und sein Lächeln war ehrlich.

Warum geht das bei ihm, aber nicht bei mir? Sabotiere ich mich selbst? Halte ich mich selbst vom Glücklichsein ab? Wenn Glück eine Definitionssache ist – was ist meine Definition davon? Welche Fragen muss ich mir stellen, um die richtigen Antworten zu bekommen?

Ich bin so gut darin, über andere zu schreiben, Dinge zu analysieren. Doch die Sicht nach innen ist vernebelt. Ich kenne mich selbst nicht. Ich bade in Selbstmitleid. Ich würde am liebsten flüchten, mich ins Auto setzen und nach Hause fahren, wo ich vor all diesen Fragen und der Grübelei sicher bin.

Doch das tue ich nicht. Ich bleibe.

Lektion 2: Glück heißt, auf sein Herz zu hören

Auch alle anderen Zuhörer kommen nach der Pause zurück. Ich glaube, keiner ist heimlich gegangen. Es ist eine merkwürdige Energie spürbar, etwas, das die neunzig Menschen im Saal vereint. Ich kann es mir nicht genauer erklären. Vielleicht bilde ich mir das auch ein.

Nach der Pause geht es um das Zuhören – sich selbst und anderen. Wie Letzteres geht, weiß ich sehr genau. Ich höre anderen Menschen sehr gut zu, allein aus beruflichen Gründen. Aber mir selbst und meinen Gedanken? Bitte nicht. Als es mir in meinem Job als Redakteurin immer schlechter ging, lenkte ich mich mit allem Möglichen ab: Beim Sport, auf dem Weg zur und von der Arbeit hörte ich laut Musik. Zu Hause suchte ich nach irgendetwas im Internet oder saß vor dem Fernseher. Oder ich las oder kochte wie wild – und dann auch nicht bloß ein Gericht, sondern mehrere, weil ich sonst hätte warten und mich mit meinen Gedanken beschäftigen müssen. Eigentlich wollte ich Ruhe, aber ich war ständig gehetzt, ich beeilte mich selbst beim Spazierengehen. Ich wollte immer Ziele erreichen, Dinge abschließen. Abgehakt, weiter!

Ich tat immer irgendetwas, nur um nicht nach innen zu horchen. Ich kann gar nicht sagen, ob das eine bewusste Entscheidung war, die Stimme in mir zu übertönen. Jedenfalls habe ich irgendwann gemerkt, dass ich mit dieser Strategie gegen die Wand gefahren war. Aber volles Rohr.

Vielleicht hat es mit einem Leistungszwang zu tun, in den ich mich hineinmanövriert habe. Ich war von der ersten bis zur dritten Klasse die Klassenbeste. Und als wir nach Deutschland zogen, erwarteten meine Eltern, dass ich gute Noten nach Hause brachte. Ich erinnere mich nicht daran, dass sie wegen schlechten Zensuren böse mit mir waren. Es war eher so, dass ich mir selbst keine schlechten Leistungen zugestand. Sprich: alles, was schlechter war als eine zwei.

Deswegen ist die 2,6 auf meiner Magister-Urkunde für mich keine große Leistung.

Ich war immer gut in der Schule gewesen, ich lernte fleißig, befolgte Regeln. Und was hat es mir gebracht? Als es in den höheren Klassen darum ging, sich auf einen Beruf festzulegen, fiel mir das unheimlich schwer. Noch in der elften Klasse auf dem Wirtschaftsgymnasium dachte ich, ich würde Verwaltungsangestellte werden. Ordnung, Hierarchie, alles hübsch in Schubladen.

Ich bin sehr froh, dass ich diesen Weg nicht gegangen bin. Das habe ich meinem Deutschlehrer auf dem Gymnasium zu verdanken. Er erkannte mein Potenzial und gab mir mehr oder weniger subtil Hinweise, dass ich mich doch nach einem Studium im Bereich der Sprachen umsehen sollte. Hätte ich seinen Worten kein Gehör geschenkt, was wäre passiert? Hätte mich eine Beamtenlaufbahn glücklich gemacht? Oder wäre ich heute genau da, wo ich bin? Fragen über Fragen.

Wenn ich ehrlich mit mir bin, weiß ich, dass ein Job in einer Behörde nicht das Richtige für mich gewesen wäre. Irgendetwas sagt mir, dass ich hier und jetzt genau richtig bin. Und das ist merkwürdig. Hier? In diesem Raum voller Menschen, die ich nicht kenne? An diesem Ort, an dem sich hinter den lächelnden Gesichtern auch viele traurige Geschichten verbergen?

„Jeder kann glücklich sein", behauptet Andreas. Das möchte ich gern glauben. „Alles ist in euch, ihr wisst schon alles. Jeder hat das Glücksgen."

Aha. Wenn das so einfach ist: Wieso suchen so viele Menschen nach Glück und finden es nicht? Wieso gibt es so viele Ratgeber zum Thema Glück – und nach dem Lesen sind die meisten dennoch kein Stück weiter?

Ich habe irgendwo gelesen, dass man Tagebuch führen oder jeden Tag darüber nachdenken sollte, welche schönen Dinge man erlebt hat. Man soll auf seine Gefühle hören. In der Theorie ist das ja auch alles einleuchtend. Wieso scheitert es dennoch bei den meisten Menschen an der Umsetzung?

Eine, die zugehört und gehandelt hat, ist Ioanna Argiriou. Sie ist Andreas' zweite Interviewpartnerin an diesem Tag und hat erfahren, dass die Antworten auf alle Fragen häufig direkt vor uns liegen. Bei ihr hat wie bei Annette alles mit einem Schlüsselerlebnis angefangen: Ioanna musste ins Krankenhaus, um einen Routineeingriff vornehmen zu lassen. Daraus wurden plötzlich mehrere Operationen. Bei der fünften hatte Ioanna einen Herzstillstand und wäre fast gestorben. Sie hatte Riesenglück und fing an, sich Fragen zu stellen: „Und wenn das mein Ende gewesen wäre? Was ist mit meinen Träumen? Was will ich?"

Sie wusste mit einem Mal, dass sie Frauen als Make-up Artist und Haarstylistin verschönern wollte. Zu diesem Zeitpunkt hatte sie überhaupt keine Erfahrung und nicht einmal eine Schminkpalette.

Durch einen Zufall lernte Ioanna einen Fotografen kennen, der ihr die Chance gab, ein Model für ein Fotoshooting zu schminken. Auch hier spielte der Zufall eine Rolle: Die gebuchte Visagistin war krank geworden.

Fünf Stunden lang tobte sich Ioanna aus. „Ich habe mich so glücklich gefühlt", sagt sie.

Ihren ersten Auftrag erledigte sie richtig gut und der Fotograf ermutigte sie. „Du hast wirklich Talent. Wenn du schlau bist, machst du etwas daraus", sagte er zu ihr. Dies schrieb Ioanna in ein Büchlein, das sie Komplimentebuch nannte. Darin notierte sie alle Komplimente, die mit ihrer Arbeit als Make-up Artist und Haarstylistin zu tun hatten. Sätze, die ihr Mut machten, wenn die Zweifel in ihr hochkrochen.

Sie informierte sich und erfuhr, dass die Ausbildung als Make-up Artist und Haarstylistin rund 25.000 Euro kostet. Ein Schock. Doch auch hier half wieder der Fotograf: „Warum bewirbst du dich nicht für ein Stipendium?", fragte er. Und genau das tat Ioanna. Sie fertigte eine Mappe an – mit Bildern von älteren Damen, die sie mit viel Liebe und Herzblut in einem Projekt verschönert hatte. Sie reichte ihre Mappe ein und bekam das Stipendium.

Als Ioanna von den schönen Zufällen in dieser Phase ihres Lebens erzählt, muss ich an meine Geschichte denken: War mein Deutschlehrer vielleicht das, was der Fotograf in Ioannas Geschichte war? War ich einfach zur richtigen Zeit am richtigen Ort und habe eine Chance ergriffen? Vielleicht hätte ich ohne ihn nicht Germanistik studiert, wer weiß?

Ich habe nie darüber nachgedacht. Vielleicht ist etwas Wahres dran an diesen vermeintlich banalen Sprüchen über Glück. Vielleicht sollte ich aufhören zu suchen und stattdessen anfangen zu finden. Die richtigen Fragen stellen und in mich hineinhören. Das wäre ein guter Anfang.

Auch Ioanna sagt, dass sie glücklich ist, weil sie auf ihr Herz gehört hat. Darin besteht ihrer Meinung nach wahres Glück.

Irgendetwas in mir sagt, dass sie ja das Glück hatte, zwischen Leben und Tod zu stehen. Für einen kurzen Augenblick beneide ich Ioanna um ihre schicksalhafte Erfahrung. Vielleicht wäre mir auch DIE Idee gekommen, wenn ich dem Tod nur knapp entglitten wäre? Ich verscheuchte diese Gedanken. Es muss doch nicht erst etwas Schlimmes passieren, damit wir anfangen, uns mit uns selbst zu beschäftigen. Wir müssen dem Tod nicht erst nahe sein, um zu erkennen, was wir eigentlich brauchen, um glücklich zu sein.

Sabine, die ich nach dem Interview mit Ioanna kennenlerne, ist überzeugt, dass wir alle einen Plan zu erfüllen haben und dass wir erst sterben, wenn wir ihn erfüllt haben. Einige Kinder sterben, so ihre Überzeugung, weil sie mit dem Plan auf die Welt gekommen sind, ihre Eltern Stärke zu lehren.

Ganz schön krasse Ansichten. Aber vielleicht ist da etwas dran. Wann habe ich mich glücklich gefühlt? In jenen Augenblicken, in denen ich mich richtig gefühlt habe. Wie ich selbst. Oder um es mit Sabines Worten auszudrücken: wenn ich im Plan war.

Sie ist überzeugt davon, dass das Gegenteil von Liebe nicht Hass ist, sondern Angst. Und dass die Angst, die uns von Eltern, Lehrern, Medien, Regierungen eingebläut ist, uns klein macht. Sie hält uns davon ab, von innen zu strahlen und unsere Stärke zu erkennen.

Ich weiß nicht, was ich davon halten soll. Sicher hat Sabine etwas andere Vorstellungen als ich – aber sind ihre deswegen falsch, nur weil ein Teil von mir sie nicht ganz nachvollziehen kann? Es ist schon etwas dran an dem, was sie sagt.

Eltern machen ihren Kindern oft Angst, damit sie das tun, was von ihnen erwartet wird. In Russland drohen Eltern ihren Kindern mit dem Erscheinen schrecklicher Fabelwesen, wenn sie nicht brav sind, ihren Brei nicht aufessen oder ihr Spielzeug nicht wegräumen. Aber auch in Deutschland und wohl in vielen anderen Teilen der Welt setzen Mütter und Väter ihre Kinder unter

Druck, drohen ihnen mit Liebesentzug, damit, dass sie weggehen, wenn die Kleinen sich nicht schnell genug für den Kindergarten anziehen.

Eltern spielen mit der Angst. Aus Angst entsteht Gehorsam. Und schon ist es vorbei mit der schönen und fröhlichen Kinderwelt. Dabei sollten wir auch als Erwachsene mehr wie Kinder sein. Auch etwas, das ich irgendwo aufgeschnappt habe. Hier, beim Glückfindertag, tauchen die Erinnerungen an Gelesenes oder Gehörtes plötzlich wieder auf, so als wüsste ich tatsächlich schon alles.

Mir scheint, dass es wirklich sehr einfach ist, glücklich zu sein. Es braucht bloß neue Ansichten, neue Gewohnheiten. Ich nehme mir vor, Fragen zu stellen und hinzuhören. Und ich nehme mir vor, mehr wie ein Kind zu sein und Dinge zu tun, ohne daran zu denken, was andere vielleicht davon halten.

Und auch wenn ich mich auf dem Weg nach Hause keineswegs glücklicher fühle, sondern bedrückt, weil ich so ein Loser bin, weil ich zu Glückfindertagen gehen muss, nehme ich mir vor, auch die anderen fünf Veranstaltungen zu besuchen. Keine Ahnung, worauf ich mich da einlasse. Aber ich nehme mir jetzt ein Jahr Zeit, um endlich glücklich zu werden.

Lektion 3: Glückliche Menschen denken nicht über Glück nach

In den Tagen nach dem Glückfindertag denke ich über das Glück nach. Was ist schon Glück? Es ist alles und nichts. Und es ist – das weiß ich auch aus Annettes Geschichte – für jeden etwas anderes. Es gibt so viele Antworten.

„Was ist für dich Glück?", frage ich eine Freundin.

„Hm. Das ist so etwas wie innere Zufriedenheit. Das sind die kleinen Dinge im Leben, die eigentlich selbstverständlich sind. Jeden Morgen mit meinem Liebsten aufwachen – das ist Glück", sagt sie.

„Aber es ist ja jeden Tag das Gleiche. Wie erhältst du dieses Gefühl aufrecht?"

„Das kann ich gar nicht sagen. Für mich ist Glück jetzt schon da, in den kleinen Dingen des Lebens, in ganz banalen alltäglichen Sachen."

Das Schöne im Alltäglichen sehen: großartiger Ansatz. Doch wieso ist das für meine Freundin selbstverständlich? Und wieso bin ich augenscheinlich blind für diese Schönheit?

Vielleicht ist etwas mit meinem Blickwinkel nicht ganz richtig. Es ist wohl das Einfachste, wenn ich mir eine andere Brille aufsetze. Eine mit Rosastich statt meiner jetzigen, die alles in Grautönen zeigt. Okay, nicht alles. Aber doch so viel, dass mich die Glücksfrage beschäftigt.

Und an den teils fragenden Blicken meiner Freundin merke ich, dass sich glückliche Menschen nicht fragen, was Glück ist. Sie denken nicht groß nach über Glück; sie sind einfach glücklich.

Es ist doch genauso mit der Liebe: Wer einen anderen fragt, was wahre Liebe ist, der hat sie nie kennengelernt.

Ich frage zwei weitere Freundinnen, was Glück für sie ist. Eine sagt: „Wenn ich zufrieden bin mit dem, was ich tue, wie ich lebe und was ich habe, bin ich glücklich." Die andere sagt: „Wenn ich ganz bei mir bin oder mir das Herz überquillt vor Zufriedenheit oder Freude."

Vielleicht stelle ich die falschen Fragen, vielleicht stelle ich meine Fragen den falschen Menschen und sollte sie stattdessen mir selbst stellen. Denn das Glück anderer Menschen bringt mich nicht weiter.

Den Zustand der Freude kenne ich sehr wohl. Dieses Gefühl, dass alles perfekt ist, dass alles so bleiben kann. Ich würde es am liebsten festhalten, aber es verpufft so schnell. Und dann dauert es Ewigkeiten, bis es wieder auftaucht. Also: Wie schafft man es, Glück zu sehen und festzuhalten? Verlange ich zu viel vom Glück?

Die Antworten meiner Freundinnen zeigen mir, dass Glück und Zufriedenheit nah beieinander liegen. Vielleicht wollen wir Unglücklichen einfach zu viel und sollten uns mit weniger zufriedengeben?

Mein Freund würde das mit einem klaren Ja beantworten. Er braucht nicht viel, um glücklich zu sein. Gutes Essen. Neben mir auf dem Sofa liegen. Er braucht keine Zeichen, um das Offensichtliche zu sehen.

Warum ist es bei mir nicht so? Wieso reicht mir unsere Beziehung nicht aus, um mich vollauf zufrieden zu fühlen? Sind es die Gene?

Ich habe mal von einer Studie gelesen, in der es hieß, dass die Hälfte unseres Glücks mit der genetischen Veranlagung verknüpft sei. Bloß: Selbst wenn es mit meinen Erbanlagen zu tun hat, bringt mich das nicht weiter. Da sind ja noch die anderen fünfzig Prozent, die ich beeinflussen kann Doch was genau soll ich tun?

Die Glücksforschung sagt, Glück existiere in den Augen des Betrachters. Sie sagt auch, Glück habe nichts mit Intelligenz zu tun, mit Wohlstand oder gesellschaftlichem Status. Entscheidend sei, wie wir auf Probleme in unserem Leben reagieren, wie wir den Alltag bewältigen. Und dann sei da noch die selbsterfüllende Prophezeiung: Wenn ich mich als Pechvogel betrachte und ständig sage, dass ich kein Glück im Leben habe und alles blöd ist, wird das auch so sein.

Das Problem ist nur: Das alles ist mir bewusst. Ich kenne die Theorie. An der Umsetzung hapert es.

In meinem letzten Job als PR-Redakteurin habe ich schnell gemerkt, dass ich eine andere Arbeitsstruktur brauche. Genug Abwechslung, genug Aufgaben, die mich herausfordern, flexible Arbeitszeiten. Einen guten Monat vor dem ersten Glückfindertag hatte ich meinen letzten Arbeitstag in der Agentur – und einen vagen Plan davon, dass ich als freiberufliche Journalistin und PR-Texterin Geld verdienen würde. Ich würde früh genug ins Bett gehen, um gleich morgens ausgeruht mit dem Schreiben zu beginnen und nachmittags Kunden zu akquirieren. Ich würde regelmäßig Pausen machen und nach draußen gehen. Wie oft ich das geschafft habe? Ich kann die Male an einer Hand abzählen.

Früh genug schlafen zu gehen klappt noch.

Aber Pausen? Nö.

Morgens als Erstes schreiben und nachmittags potenzielle Kunden kontaktieren? Von wegen.

Seit dem Glückfindertag habe ich mir vorgenommen, jeden Abend zu reflektieren, was an dem Tag gut gelaufen ist und wofür ich dankbar bin.

Das funktioniert genau ... einen Tag. Dann haben mich meine alten Gewohnheiten wieder.

Dann sitze ich viel zu lange vor dem Rechner – ohne Pause, ohne frische Luft – und suche verzweifelt nach irgendetwas, das mich glücklich machen wird. Ich recherchiere irgendwelche Programme, die mir das Leben als Selbstständige erleichtern sollen. Ich lese im Internet viel über passives Einkommen, weil ich Angst habe, dass ich nicht genug Geld verdiene.

Die Tage vergehen und einige Wochen nach dem Glückfindertag habe ich das Gefühl, ich stehe wieder da, wo ich schon vor der Veranstaltung gestanden habe.

Schon klar, Besserungen zeigen sich erst nach längerer Zeit. Aber im Moment habe ich nicht das Gefühl, glücklicher zu sein. Früher habe ich immer gesagt, Erfolg sei die Summe richtiger Entscheidungen. Jetzt würde ich hinzufügen: Gelassenheit ist die Summe richtiger Gewohnheiten.

Und ich habe absolut keine Ahnung, wie ich als jemand, der sich heute für dies und morgen für jenes begeistert, so etwas wie Gewohnheiten etablieren soll. Es gibt zwischendurch Tage, an denen mir das richtig gut gelingt: Ich höre auf meinen Körper und meinen Geist und gönne ihnen eine Pause, wenn sie sie brauchen.

Doch die meiste Zeit bin ich wie auf Autopilot. Und auch wenn die Signalanzeige seit Stunden rot aufleuchtet, fliege ich munter weiter. Immer schneller und immer weiter. Und wenn etwas nicht funktioniert, verbeiße ich mich in die Aufgabe und komme in solch eine Unruhe, dass mir fast schlecht davon wird.

Vergangene Woche wollte ich mich um lästigen Papierkram kümmern und meine Steuererklärung fertigkriegen. Doch mein Drucker machte mir einen Strich durch die Rechnung. Einige Blätter spuckte er ganz normal aus und dann entschied er sich, Feierabend zu machen.

Ich rannte zwischen der Küche, wo mein Laptop am Stromkabel hing, und dem Wohnzimmer, wo sich der Drucker befand, hin und her, änderte die Einstellungen, schaltete den Drucker ein und aus. Anderthalb Stunden lang. Und es passierte: nichts.

Meine Nerven lagen blank. Und dann erhielt ich auch noch eine wenig aufbauende Nachricht von einem Literaturagenten, dem ich eine Buchidee unterbreitet hatte. In dem Buch sollte es darum gehen, wie ich jeden Tag versuche, Achtsamkeit zu üben. Doch der Literaturagent hatte kein Interesse.

Na großartig. Der Tag war für mich gelaufen.

Was blieb mir zu tun? Spazieren gehen? Mich aufs Sofa legen und die Decke anstarren? Nö. Ich lenkte mich im Internet ab, surfte hier, las da etwas. Und dann sah ich bei Facebook, dass Andreas, der Glückfinder, online war. Ich weiß nicht, warum ich ihm schrieb. Meine Probleme konnte er nicht lösen. Aber ich wusste, dass er bereits ein Buch veröffentlicht hatte und dachte, dass er mir als angehender Autorin einen Tipp geben könnte. Vielleicht wollte ich als Einzelunternehmerin auch einfach nur menschliche Zuwendung. Er bot mir an, mit ihm zu skypen.

Ich klagte ihm also mein Leid, dass alles ganz blöd sei. Der Literaturagent und der Drucker sowieso. Und er sagte bloß: „Dann hör auf. Lass es für heute. Tu nichts mehr."

Ich hatte es mit dem Drucker lange genug probiert, es würde heute ohne Hilfe nicht mehr funktionieren. Und der Literaturagent hatte sich entschieden; sich lange an seiner Antwort aufzuhalten, würde mich nicht weiterbringen.

Bei Andreas klingt alles so leicht. Es sagt, dass wir eben hinhören müssen, wenn uns das Universum (oder ein elektrisches Gerät) sagt, dass es Zeit ist, eine Pause zu machen. Und das tat ich. Ich fuhr nach dem Skype-

Gespräch meinen Computer herunter, schaltete den Drucker aus, zog meine Jacke an und ging an die frische Luft. Wieder zu Hause, nahm ich mir ein Buch und las den restlichen Tag.

Gesegnet sei die Selbstständigkeit!

Was habe ich nur für ein Glück, nicht bis zum Feierabend warten zu müssen, um das zu tun, was ich gern tue.

Und ich muss zugeben, dass mir das Glück in meinem Leben schon oft widerfahren ist. Ich hatte Glück, in einer Klasse mit nur deutschen Kindern gelandet zu sein, als wir nach Deutschland gekommen sind, und nicht in der Parallelklasse, in der die Hälfte der Schüler aus Aussiedlerkindern bestand. Ich habe Glück mit meinen Eltern, die mich bei allem unterstützen. Ich hatte Glück, auf dem Gymnasium einem passionierten Deutschlehrer begegnet zu sein, der mein Talent fürs Schreiben erkannte und mich ermutigte, etwas mit Sprache zu studieren. Ich hatte Glück bei meinen Zeitungspraktika, dass ich ein Redaktionsvolontariat ergattert habe – und bei meinen Jobs. So viel Glück. Doch glücklich fühle ich mich nicht.

Ja, da ist sie wieder. Die Sache mit der Perspektive. Wahrscheinlich habe ich einfach viel zu viele und viel zu hohe Erwartungen. Und ich sabotiere mein Glück dadurch, dass ich oft nicht auf mich selbst höre. Dass ich Dinge tue, dich ich eigentlich nicht tun will, doch glaube, tun zu müssen.

An guten Tagen denke ich: Was willst du eigentlich? Du hast alles, um glücklich zu sein. Es ist alles da.

Und an schlechten Tagen sehe ich den Wald vor lauter Bäumen nicht. An solchen Tagen fällt es mir schwer zu erkennen, was meine Ziele sind und meine Wünsche.

Es scheint, ich muss mein Innenleben ordnen. Und das ist sehr einfach gesagt. Oder ich versuche es mit ein paar Tipps aus der Glücksforschung: sich um soziale Beziehungen kümmern, sinnvolle Tätigkeiten verrichten, anderen Menschen helfen.

Am Wochenende war ich in der Stadt unterwegs und als ich in die Straßenbahn steigen wollte, stieg aus dieser eine ältere Dame aus, der ich zum Abstützen meinen Arm anbot. Sie lächelte, dankte mir – und ich fühlte mich für einen kurzen Augenblick besser. Ich hatte geholfen.

Wenn ich gelassener durchs Leben gehe, stelle ich fest, dass ich netter zu anderen bin. Wenn ich mich gut fühle, bin ich eine umsichtige Autofahrerin. Ich bestehe nicht auf meinem Recht. Denn ich glaube, dass Negativität sich exponentiell ausbreitet. Wenn ich mich im Straßenverkehr wie ein Rowdy verhalte, hat das Auswirkungen: Der Mann, dem ich die Vorfahrt nehme, ärgert sich und schreit möglicherweise sein Kind oder seine Frau an, wenn er zu Hause ist.

Ich lebe mit der Vorstellung, dass meine Taten Auswirkungen haben. Ich habe immer gern anderen geholfen, doch oft genug war ich zu sehr mit mir selbst beschäftigt, als dass ich andere Menschen überhaupt wahrgenommen hätte. So oft habe ich beim Telefonieren mit meinen Eltern nebenher ferngesehen oder irgendwas im Internet gesucht, sodass ich mich später kaum daran erinnern konnte, was sie überhaupt gesagt hatten. Ich habe nicht zugehört. Ich war nicht da.

Ich glaube, dass Präsenz wichtig ist. Also: körperlich UND geistig. Ich glaube, dass Ablenkung auf Dauer unglücklich macht. Und ich glaube, dass Glück sich manchmal in anderen Menschen zeigt: in einem Steuerberater, der kostenlos deinen Businessplan prüft und dir wertvolle Tipps gibt. In einem Mitarbeiter der Arbeitsagentur, der dir beim Antrag für den Gründungszuschuss hilft.

Dieses Gefühl, als ich deren Büros verließ, lässt sich nur als Glück bezeichnen. Dieses Gefühl, als wenn einem das Herz überquillt vor Zufriedenheit oder Freude, wie es meine Freundin formuliert hat.

Es ist also alles da bei mir. Die körperlichen und geistigen Voraussetzungen für Glück sind faktisch gegeben. Ich muss nur noch die rosarote Brille finden, durch die ich Schwierigkeiten als wenig problematisch betrachte und das Schöne im Alltäglichen sehe. Wo ist sie bloß?

Lektion 4: Glück muss man erkennen, wenn es da ist

Der erste Glückfindertag ist zwei Monate her und ich habe nicht das Gefühl, dass ich auf meiner Suche, meinem Streben nach Glück auch nur einen Zentimeter weitergerückt bin. Oder ist es noch zu früh, das zu beurteilen? Bin ich zu verbissen?

Ich habe festgestellt, dass der Tagesrhythmus, den ich mir mehrmals versucht habe anzueignen, nicht für mich funktioniert. Ich schaffe es nicht, jeden Tag um die gleiche Zeit aufzustehen und ihn mit dem Schreiben zu beginnen. An manchen Tagen habe ich das Gefühl, ich bin absolut nutzlos. Zum Beispiel, wenn ich keine Termine und keine Aufträge habe. Dennoch will ich geschäftig sein. Beschäftigt. Und dann sitze ich viel zu lange vor dem Rechner und mache irgendetwas – bloß nichts Gescheites und keine Pausen an der frischen Luft, obwohl ich genau weiß, dass vor allem letztere nötig und wichtig für mich sind.

Ich kann manchmal einfach nicht über meinen Schatten springen, auch wenn es darum geht, mir selbst etwas Gutes zu tun.

Hin und wieder habe ich schon das Gefühl, auf dem richtigen Weg zu sein. Auch wenn ich nicht gleich morgens nach dem Aufstehen schreibe, schreibe ich. Und das, um anderen Menschen zu helfen.

Ich schreibe Blogartikel über Menschen, die glücklich sind und ihre Berufung leben, die anders leben, reisen und arbeiten als der Durchschnitt. Damit habe ich in meinem Job als PR-Redakteurin angefangen, weil ich selbst auf der Suche nach einem Arbeits- und Lebensmodell war, das mir mehr entspricht.

Und dann erhielt ich vor kurzem eine E-Mail von einer Bekannten:

Hallo Katharina,

ich finde deine Artikel toll und die Geschichten von Menschen, die glücklich sind mit dem, was sie machen.

Das ist so schwer, so etwas zu finden, was einem Spaß macht.

Die Bekannte, die ich seit Jahren nicht gesehen oder gesprochen hatte, schilderte mir ihr Problem: Nach ihrem Studium macht sie einen Job, in dem sie gutes Geld verdient. Doch Geld motiviert sie immer weniger, jeden Morgen aufzustehen und ins Büro zu gehen, und sie fragt sich, ob das bis zu ihrer Rente so gehen soll.

Ihre Nachricht und der Kommentar eines Familienvaters unter einem meiner Artikel, der sich als Alleinverdiener in der Familie gefangen in einem Job fühlt, den er nicht mag, sind für mich der Auslöser für ein Projekt: Weil ich die Fragen der beiden nicht beantworten kann, nehme ich mir vor, Experten zu fragen, die sich im Bereich der beruflichen Erfüllung auskennen.

Ich wollte schon immer ein Buch schreiben – und dies scheint mir eine Möglichkeit dazu zu sein.

Als ich zum zweiten Glückfindertag aufbreche, habe ich bereits einige Coaches und Berufungsberater kontaktiert. Und ich freue mich auf die Veranstaltung, deren Themen Bereitschaft und Verantwortung sind. Ich weiß nicht, was mich erwartet. Aber vielleicht kann ich aus den Gesprächen auf der Bühne etwas für mich mitnehmen.

Vielleicht höre ich etwas, das meine Weltsicht erschüttert, mein Denken grundlegend verändert. Okay, das ist wahrscheinlich zu viel verlangt. Aber ich bin gespannt, welche Geschichten ich hören werde.

Die Fahrt zu der Veranstaltung nach Ludwigsburg bei Stuttgart verbringe ich größtenteils damit, aus dem Fenster zu sehen. Ich spüre eine Leichtigkeit – und das trotz der Übelkeit, die in mir wegen der Geschwindigkeit des ICE, der immerhin mit 250 Stundenkilometern unterwegs ist, aufsteigt.

Als mein Blick auf die Bahn-Zeitschrift fällt, blättere ich sie durch und stoße auf ein Interview mit Florian David Fitz. Wahrscheinlich hätte ich es gar nicht gelesen; dass ich es doch tat, war der Tatsache geschuldet, dass ich den Schauspieler wenige Tage zuvor bei einer Veranstaltung in Düsseldorf interviewt hatte.

In dem Artikel in der Bahn-Zeitschrift ging es um seinen neuen Film und interessanterweise auch um Glück. Fitz vermutet darin, dass Glück gar nicht darin liege, dass man alles anders macht, sondern eher, dass man es erkennen muss, wenn es da ist – und nicht erst hinterher.

Das erfordert sehr viel Aufmerksamkeit im Moment, im Alltag. Viel Präsenz und Bewusstsein.

In Ludwigsburg checke ich im Hotel ein, laufe durch die Stadt und bin ganz bei mir. Ich bin zufrieden. Bin ich glücklich? Keine Ahnung. Eine schwierige Frage. Ich fühle mich ... okay.

Heidrun, die ich tags darauf im Veranstaltungssaal treffe, sagt, sie habe ihr Glück auch noch nicht gefunden, aber sie sei auf dem Weg dorthin. Sie lächelt zufrieden, und mir wird bewusst, dass wir so viele sind. So viele Menschen, die nicht viel wollen außer glücklich sein.

„Ich muss ständig trainieren, um bei mir selbst anzukommen", sagt Heidrun. Sie praktiziert Yoga, besucht Seminare und Veranstaltungen wie den Glückfindertag, um Gleichgesinnte zu treffen. „Es ist nicht einfach", sagt sie. „Der Alltag zieht einen immer wieder runter."

Ja, diese Achterbahnfahrt kenne ich auch. Meine Mutter hat mir das vor vielen Jahren so erklärt: „Es gibt im Leben weiße Streifen und schwarze Streifen. Wenn du gerade das Gefühl hast, dass alles schiefläuft, sei dir gewiss: Der weiße Streifen ist schon in Sicht."

Das habe ich lange akzeptiert. Ich bin durch tiefe Täler gewandelt und in schwindelerregenden Höhen geflogen. Nur hatte ich immer mehr das Gefühl, dass bei mir die Balance zwischen Schwarz und Weiß nicht ausgeglichen war. Dass schlechte Erfahrungen mehr Raum einnahmen.

Wieso muss es diese Achterbahnfahrt geben? Wieso können wir nicht einfach die meiste Zeit relativ zufrieden sein – mit minimalen Ausschlägen nach oben oder unten? Weil das nicht dem Leben entspricht? Weil wir irgendetwas lernen müssen und dabei Schmerzen erfahren sollen? Ach, keine Ahnung. Vielleicht suche ich nach einer buddhamäßigen Erleuchtung, wo die simple Erkenntnis ausreichen würde, dass alles gut ist, wie es ist.

Ich verabschiede mich von Heidrun und begrüße ein, zwei Leute, die ich schon beim ersten Glückfindertag in Essen getroffen habe. Ein Ehepaar, Walter und Karin, zum Beispiel. Sie wollen auch bei den nächsten Glück-findertagen dabei sein. Warum?

„Das kann ich gar nicht so genau erklären. Es ist ein-fach schön, in dieser Gemeinschaft zu sein", sagt Wal-ter. Ich habe nicht den Eindruck, dass er oder seine Frau Karin auf der Suche nach Glück sind. Sie wirken so geerdet.

Aber was das angeht, habe ich mich ja schon ein paar Mal getäuscht. Wir zeigen anderen Menschen nur das von uns, was sie sehen sollen.

Ich weiß nicht, ob es an der Übernachtung im Hotel liegt, aber ich fühle mich entspannt. Ich bin offener und gehe auf andere Menschen zu. Etwas, wovor ich mich sonst eher scheue.

Ein merkwürdiger Umstand, da ich Journalistin bin. Wenn es um Interviews geht, um das Beschaffen von Informationen für einen Artikel, habe ich normalerweise keine großen Hemmungen. Es sei denn, ich habe einen richtig schlechten Tag. Dann habe ich eine innere Blo-ckade und mir fallen kaum Fragen ein. Aber wenn ich halbwegs ich selbst bin, sprudeln die Fragen nur so aus mir heraus. Ich gehe ganz souverän auf Menschen zu und habe keine Berührungsängste.

Wenn es dann wieder um Kontakte im privaten Bereich geht und darum, etwas von mir preiszugeben, verschließe ich mich, erst recht, wenn ich gerade auf einem schwarzen Streifen wandle.

Beim ersten Glückfindertag in Essen mit Jan, Dennis und Sabine zu sprechen, war für mich eine große Überwindung, auch wenn ihre Worte doch etwas in mir hinterlassen haben. Dass es sich lohnt, zu kämpfen. Dass auch Kleinigkeiten unsere Wertschätzung verdienen. Dass es mehr gibt als das Offensichtliche.

Gerade fällt es mir relativ leicht, Gespräche anzufangen. Ich weiß, das liegt an meiner Laune. Ich fühle mich wohl. Es ist wie Heidrun gesagt hat: „Unter Gleichgesinnten fällt vieles leichter." Unter Gleichgesinnten werden wir akzeptiert, müssen uns nicht lange erklären. Wir müssen unsere Ansichten und Überzeugungen nicht ständig verteidigen.

Es ist also wichtig, seinen Weg zu finden und immer wieder zu überprüfen, ob es noch der eigene Weg ist. Und auch Weggefährten, die in eine ähnliche Richtung unterwegs sind, sind wichtig. Es kann schrecklich sein, ein Sonderling unter vermeintlich Normalen zu sein.

So habe ich mich auf meiner Russlandreise gefühlt. Wie ein Alien, weil ich mit über dreißig Jahren immer noch nicht verheiratet bin (eine Frau, die in Russland mit fünfundzwanzig Jahren noch nicht unter der Haube ist, gilt als alte Jungfer. Dass dort viele mit Anfang zwanzig bereits geschieden sind, lassen die Russen gern außen vor), keine Kinder habe („Katja, wenigstens ein Kind, wenn du schon nicht verheiratet bist ...") und vegan lebe („Was darfst du denn überhaupt noch essen?").

Diese ständigen Fragen machten mich mürbe, zerrten an meinen Nerven – zu einer Zeit, da mir der Tod meiner Großmutter ohnehin schon zu schaffen machte.

Ich wollte irgendwann einfach nur noch weg. Weg von den Fragen. Und den Fragenden. Ich habe mir Verständnis gewünscht in einer Welt, die von der meinen Lichtjahre entfernt ist.

Wünsche, Ziele, Träume: Um sie geht es jetzt zu Beginn des zweiten Glückfindertages. Auf Zetteln sollen wir notieren, wovon wir träumen, wonach wir uns sehnen. Und während ich vor zwei Monaten, als wir in

Essen aufschreiben sollten, wofür wir dankbar sind, lange überlegen musste, schießt mir jetzt sofort ein Gedanke durch den Kopf, den ich in gut lesbaren Lettern festhalte:

Erfolgreich sein mit dem, was ich am liebsten tue.

Das ist mir in diesem Augenblick so klar, dass sich mein Herz mit Freude füllt. In Momenten wie diesem scheint alles so einfach, mein Glück zum Greifen nah.

Doch dann kommt wieder die dunkle Phase und ich finde mich im Nebel wieder. Zu oft verliere ich mich darin, beschäftige mich mit Dingen, die mich weiter von meinen Träumen und Zielen forttreiben. Halte mich mit Aufgaben und mit Menschen auf, die mich bremsen.

Ich brauche mehr Positives in meinem Leben, denke ich. Wir alle brauchen das. Wir brauchen Kontakte zu Menschen, die ähnlich ticken wie wir, die positiv in die Zukunft schauen, die uns in unserem Streben bestärken und nicht verurteilen.

Vielleicht war es ein Zufall, dass ich Andreas kennengelernt habe und mich nun unter den Glückfindern wähne. Vielleicht war es auch Schicksal. Vielleicht muss ich gerade heute gerade auf diesem Stuhl sitzen und seinen Worten lauschen, die mich vielleicht etwas verstehen lassen, wofür ich bisher blind war. Ich weiß es nicht. Aber ich bin froh, dass es so gekommen ist.

Andreas sagt: „Es gibt nicht DAS Glück. Aber es gibt Momente und Kleinigkeiten, die einen Unterschied machen zwischen einem glücklichen und einem unglücklichen Leben." Ich weiß genau, wovon er gerade spricht.

Und dann sagt Andreas etwas, das mich schmunzeln lässt: „Wir müssen den richtigen Moment erkennen, wenn er da ist."

Dieser Satz, den ich tags zuvor noch im Interview mit Florian David Fitz gelesen habe, hat so viel Gewicht. Und nun empfange ich diese Botschaft schon zum zweiten Mal innerhalb von nicht einmal vierundzwanzig Stunden.

Wir müssen also bereit sein fürs Glück. Wir können ihm hinterherlaufen, so lange wir wollen. Wir können Seminare besuchen, Bücher lesen und mit Menschen sprechen, die dort sind, wo wir hinwollen: Wenn wir tief im Inneren nicht bereit sind, wird uns unser Glück verwehrt bleiben.

„Bereitschaft ist etwas, das unser Unterbewusstsein steuert", sagt Andreas. Es muss erst sprichwörtlich „klick" machen.

Und nun frage ich mich: Bin ich bereit dafür, glücklich zu sein? Bin ich bereit dafür, meinen Traum, erfolgreich zu sein mit dem, was ich am liebsten tue, zu erfüllen? Oder will ich es bloß, doch mein Unterbewusstsein sperrt sich dagegen? Wer sagt einem sowas?

„Unsere Seele weiß, was gut für uns ist", beantwortet Andreas unabsichtlich meine Fragen. Es scheint, als wäre ich hier genau richtig. Als stellte ich die richtigen Fragen und hörte genau hin. Doch bin ich auch bereit, alles für mein Ziel zu geben? Kann ich mich darauf konzentrieren oder werde ich (wie so oft in der Vergangenheit) vom Weg abkommen?

„Du kannst zu zig Ärzten gehen, zig Coachings absolvieren. Wenn die Bereitschaft, etwas zu verändern, nicht da ist, wird nichts passieren", sagt Meike. Sie hat sich spontan gemeldet, um Andreas und dem Publikum in groben Zügen ihre Geschichte zu erzählen. Wie sie im Job und im Privaten sehr lange funktionierte, bis sie psychisch erkrankte. Wie sie sich wieder aufrappelte und anfing, auf ihr Bauchgefühl, auf ihre innere Stimme zu vertrauen. Achtsamkeit habe ihr dabei geholfen. Gefühle wahrzunehmen, die da sind. Im Jetzt zu leben. Präsent zu sein. Auf Signale ihres Körpers und ihres Geistes zu hören.

Ach ja, da ist sie wieder. Die Achtsamkeit. Ich habe mein angefangenes Buchprojekt zu diesem Thema nach der Absage des Literaturagenten auf Eis gelegt – wie das Achtsamsein selbst.

Ich weiß, dass es wichtig ist, auf sich selbst zu hören und zu achten. Aber irgendwie habe ich das Gefühl, ich lasse das nicht zu. Es scheint, als hätte ich den Schlüssel zu meinem Glück in der Hand. Das Wissen ist da; ich stehe direkt vor der Tür, doch öffnen kann ich sie nicht, obwohl ich weiß, dass der Schlüssel passt.

Was muss ich noch erkennen? Welchen Ballast muss ich noch loswerden, um wirklich glücklich zu sein?

Fragen, die sich Ulrike Dietmann den Großteil ihres Lebens nicht stellen musste.

„Ich bin mit Pferden aufgewachsen, in der Natur. Das ist reines Glück", sagt sie. „Ich bin immer glücklich gewesen. Das Leben war sehr gut zu mir. Ich glaube, ich wurde glücklich geboren."

Ulrike fing erst an, an ihrem Glück zu zweifeln, als sie ihre große Liebe verlor: Ihr Mann, mit dem sie dreißig Jahre verheiratet war, trennte sich von ihr, um mit einer anderen Frau zusammenzuziehen. Der Schmerz über den Verlust ihrer Liebe und ihres Glücks saß bei ihr so tief, dass sie nicht mehr leben wollte.

Aber sie kämpfte sich durch und heilte ihre Wunden. Geholfen haben ihr die Natur und Pferde – und das Schreiben über sie. Heute ist Ulrike Autorin und Coach und gibt die Weisheit der Pferde in Seminaren an andere Menschen weiter. Sie liebt das Schreiben, kombiniert es mit ihrer Leidenschaft für Pferde und ist rundum glücklich.

Ich muss wieder an meinen Wunsch denken. Erfolgreich sein mit dem, was ich am liebsten tue.

Was tue ich am liebsten? Wie Ulrike liebe ich das Schreiben. Die Prozesse, die in meinem Kopf ablaufen, wenn ich an einem Text sitze, die Gedanken, die blitzschnell da sind und in meine Finger fließen, die dann in die Tasten des Computers hauen – das ist ein unbeschreiblich schönes Gefühl.

Gut, schreiben kann ich. Aber ich kann noch mehr. Ich kann gut zuhören (wenn ich nicht gerade eine schwarze Phase habe), ich kann anderen Menschen mit meinen Worten helfen, ich erkenne, was andere brauchen, um glücklich zu sein.

Doch all dies tue ich nicht. Ich vermeide Dinge, die mich glücklich machen, und weiß nicht, warum. Ich stehe mir selbst im Weg, obwohl mein Glück in greifbarer Nähe zu sein scheint.

Im Moment ergreift mich eine Euphorie, wie ich sie in den vergangenen Wochen und Monaten nur selten erlebt habe. Ich weiß, ich kann sie nicht auf ewig festhalten. Doch diese Euphorie sagt mir: Ich habe Lust, mehr zu schreiben. Ich will wieder Sport machen. Ich möchte gelassener durchs Leben gehen.

Ich lasse mich von der Atmosphäre des Glückfindertages anstecken und mittragen. Ich will gerade nirgendwo sonst sein als hier, habe keine Fluchtgedanken, bin empfänglich für die Worte, die gesprochen werden.

Das Schreibprojekt, das Ulrike aus ihrer Lethargie und Verzweiflung gerettet hat, lässt mich wieder an mein Buchprojekt über Achtsamkeit denken.

Einen Monat lang habe ich jeden Tag daran gearbeitet – und in einer sehr dunklen Phase wieder damit aufgehört, weil ich das gesamte Buch nach der Absage des Literaturagenten infrage gestellt habe. Zwei Wochen Pause sind es nun nach einem Monat konsequenten Schreibens.

Warum habe ich aufgehört? Aus Angst, schätze ich. Angst, dass keinen interessiert, was ich zu sagen habe. Dass das Thema total bescheuert ist. Dass es so ein ähnliches Buch bereits gibt und meine Worte nutzlos für Leser sind.

All diese Ängste können einen auffressen. Sie lassen einen erstarren und sind nicht förderlich. Sie lassen keine Chancen zu, sie bringen allen Fluss zum Erliegen, allen Flow. Das ist tödlich fürs Selbstwertgefühl. Ein Selbstliebe-Killer.

Ich wollte schon immer ein Buch schreiben und veröffentlichen. Ulrikes Worte ermuntern mich, das Schreiben nicht aufzugeben. Auf jeden Fall weiter am

Buch über berufliche Erfüllung zu arbeiten und auch das Achtsamkeitsprojekt abzuschließen.

Ich möchte nicht vor meinem Traum weglaufen und mich verstecken. Ich möchte alles Notwendige tun, um ihn zu verwirklichen. Allein diese Erkenntnis zaubert mir ein Lächeln ins Gesicht.

Als ich in der Pause mit Caroline spreche, werde ich jedoch wieder nachdenklich. Sie ist Anfang fünfzig und sucht ihr Glück schon sehr, sehr lange. „Trotzdem zeigt es sich mir nicht. Ich verstehe nicht, wieso. Mein Mann ist absolut glücklich und ich habe ständig Sorgen und Ängste, die mich davon abhalten, glücklich zu sein", sagt sie.

Warum ist das so?

Wenn ich mir vorstelle, dass ich in zwanzig Jahren immer noch nach Antworten suche, immer noch zu viele dunkle Phasen in meinem Leben habe, immer noch verwirrt bin, bekomme ich Angst. Das ist doch zermürbend. Suchen und suchen – und sich dennoch immer weiter vom Ziel entfernen. Ich will nicht einfach nur existieren, ich will leben – ohne Sorgen und Ängste.

Das, was Caroline beschreibt, kenne ich auch. Auch ich drehe mich oft im Kreis und merke gar nicht, wie es mir immer schlechter und schlechter geht. Auch ich mache mir selbst Stress. Ich habe versucht, meinen Weg zu finden in einer Selbstoptimierung hoch zehn. Ich habe jede Sekunde meines wachen Daseins gefüllt mit irgendwelchen Informationen, irgendwelchen Beschäftigungen, mit Zeug und noch mehr Zeug – und bin damit vor die Wand gefahren.

Und jetzt, in der Mittagspause, gehe ich mit ein paar anderen Glücksrittern essen und merke, wie schön und einfach das Leben sein kann, wenn man loslässt und nicht versucht, sich allein durchzukämpfen. Wenn man einfach mal nur dasitzt und zuhört und mal etwas sagt und nicht versucht, irgendjemandem irgendetwas zu beweisen.

Lektion 5: Glück ist, in der Gegenwart zu leben

Es heißt ja, dass wir nie mehr zugemutet bekommen, als wir aushalten können. Wenn es danach geht, kann Holger Andreas Elsner eine Menge aushalten. Er ist der zweite, der beim Glückfindertag seine Geschichte erzählt.

In seinem früheren Leben war Holger Investmentbanker und damit sehr erfolgreich. Er verdiente sehr viel Geld und führte ein Leben, von dem viele andere Menschen träumen. Das Problem daran war: Er nahm sich keine Zeit für sich selbst und zu wenig für seine Familie. Er überhörte seine innere Stimme so lange, bis sein Körper streikte.

Eine Weile dachte Holger, er müsste durchhalten, vielleicht bis dreiundfünfzig – und dann würde er in Frührente gehen, weil er bis dahin sicher genug Geld verdient haben würde. Er dachte: „Ich trage doch Verantwortung für meine Familie."

Dass er auch Verantwortung für sein eigenes Leben trug, übersah er, bis ihn das Leben zwang, eine Pause einzulegen. Holger entwickelte Allergien, hatte Asthma, Migräne, Autoimmunkrankheiten, plötzlichen Haarausfall und eine Hautkrankheit, die sich nur im Gesicht zeigte. Und dann kamen Herzrhythmusstörungen dazu.

Kurz vor einer Operation am Herzen versprach er sich, dass er von nun an auf sein Herz hören würde. Er wollte Verantwortung für sein Leben und seine Gesundheit übernehmen. Und in der Sekunde fing sein Herz wieder an, rhythmisch zu schlagen. Der behandelnde Arzt konnte es kaum glauben und ließ Holger genau untersuchen. Dieser wurde nach einer Stunde wieder entlassen und hatte seither nie wieder Herzprobleme.

Doch das bedeutet nicht, dass ab diesem Moment alles großartig wurde. Mit dem Entschluss, auf sein Herz zu hören, begann für Holger eine Zeit noch größerer Schmerzen. Eine Zeit, in der er all seine Ängste durchlebte. Angst vor einem beruflichen Selbstmord. Angst vor Armut, vor dem Verlassenwerden. Alles davon ist eingetreten. Alle Themen, vor denen er sich versteckt hatte, musste Holger bearbeiten. Er hatte zwar immer eine Verantwortung für andere gespürt – für seine Familie, seine Mitarbeiter –, doch um sich selbst kümmerte er sich wenig. „Das war mangelnde Selbstliebe. Wer sich in die Intensivstation eines Krankenhauses hineinarbeitet und Autoimmunkrankheiten ausbildet, der hat definitiv einen Mangel an Selbstliebe."

Einige Zeit später stieg Holger aus seinem Unternehmen aus. Er wollte seine Lebensfreiheit nicht mehr verkaufen, um seine größte Angst, die Angst vor der wirtschaftlichen Not, nicht zu spüren. Doch was danach kommen würde, wusste er nicht. „Das Leben bringt dich in bestimmte Situationen. Du sollst deine wirkliche Angst erkennen, weil sie dich sonst dazu führt, etwas zu tun, das nicht deine Berufung ist. Du kannst deinen Ängsten eine Weile davonlaufen, aber sie werden dich einholen. Das Leben gewinnt letztlich. Es wird alles arrangieren, sodass du es nicht ignorieren kannst", sagt Holger.

Seine Ängste durchlebte er, eine nach der anderen. Die folgenden drei, vier Jahre nach der Situation im Krankenhaus waren die Hölle. Sein Verstand, sein starkes Ego, hatte ihn an einen Punkt geführt, an dem es nicht weiterging. Holger war von Erfolg verwöhnt – und erlebte nun, dass er sich mit dem Erfolg identifiziert hatte. Wer war er nun, da er kein Investmentbanker mehr war? Nicht mehr der Ernährer der Familie? Nachdem seine Frau ihn verlassen hatte, verstand Holger, welchen Beitrag sie zu seinem Erfolg geleistet hatte. Er war plötzlich alleinerziehender Vater und Hausmann. Alles veränderte sich. „Das Leben hat mir den Boden unter den Füßen weggezogen. Du fällst und denkst, du hast keine Chance mehr", sagt Holger.

Er machte sich auf den Weg, um herauszufinden, wer der wahre Holger ist. Was er braucht, was ihm wichtig ist.

Das ist etwas, das auch mir nicht gerade leichtfällt. Ich habe daran zu knabbern, mich selbst, meinen Körper und meine Eigenarten anzunehmen. Auch habe ich das Gefühl, für andere Menschen verantwortlich zu sein. Zwar habe ich keine derart intensiven Erfahrungen gemacht wie Holger, trotzdem erinnert mich seine Geschichte an meine. Auch ich habe sehr lange unbewusst gehandelt, ich habe nicht auf die Signale meiner Seele und meines Körpers gehört. Ich habe einfach immer weitergemacht. Aber es fühlte sich nicht an, als würde ich vorankommen. Im Gegenteil. Ich hatte das Gefühl, als wäre ich mit einem Gummiseil irgendwo festgebunden. Und so schnell ich auch rannte – sobald meine Kraft oder meine Motivation nur ein bisschen nachließ, fiel ich wieder zurück.

Wegrennen ist für Holger keine Option mehr. Er stellt sich den Situationen, wie sie kommen, und seien sie noch so unangenehm. Unbewusste Glaubensmuster, Ängste, Konditionierungen – sie alle lassen sich durch Präsenz, Aufmerksamkeit und Bewusst-Sein durchbrechen, ist seine Überzeugung.

„Wichtig ist der Umgang mit Schwierigkeiten, die uns im Alltag begegnen", sagt er. Es bringe nichts, die gesamte Woche unbewusst zu leben und lediglich zu existieren, um dann in der Yogastunde am Freitagabend festzustellen, wie wenig entspannt man ist. „Das ist der falsche Weg."

Stattdessen sollte man hinhören, hinsehen, was im Kopf vor sich geht. Das erfordere Zeit mit sich selbst und Präsenz.

„Wir müssen eine Hintergrundstille schaffen", sagt Holger. Dies hat er im Extrem praktiziert, indem er auf einer Reise zehn Tage lang schwieg und nur beobachtete, wo bei ihm negative Gedanken oder Ängste auftauchten, wo er negative Energie spürte.

„Wir müssen die Stille bewusst suchen", sagt Holger. Und das lasse sich trainieren, um auch im teils stressigen Alltag voll da zu sein – in der Gegenwart. Nicht in Sorgen wegen dem, was morgen sein könnte, oder im Bedauern dessen, was gestern passiert ist.

Holger weiß, dass er seine Berufswahl aus Angst getroffen hat, einer finanziellen und existenziellen Angst heraus. „Ich brauchte Geld auf der Seite, um mich sicher zu fühlen", sagt er.

Sein eigentlicher Traum war es gewesen, Lehrer zu werden. Und diesen lebt er heute als Coach. Er gibt Seminare und sein Wissen weiter. Unnötig zu sagen, dass alle Krankheiten, die er als Investmentbanker entwickelt hatte, längst Geschichte sind. Und die weißen

Flecken in seinem Gesicht sieht er kaum noch, weil sie nicht mehr wichtig sind. Sie machen ihn nicht aus. Auch Geld ist für ihn unwichtig geworden. Er identifiziert sich nicht darüber.

Diese Freiheit und das Leben in der Gegenwart – das beschreibt Holger als Glück. Er hat für sich herausgefunden, dass das Leben so ist, wie es ist. Dass niemand dafür verantwortlich ist.

Wir müssen bereit sein, selbst Verantwortung für unser Leben zu übernehmen. Wir sollten öfter in uns hören und bei negativen Gedanken die Frage stellen: „Was denkt da gerade in mir? Ist es Angst?"

Wir sind nicht unsere Gedanken. Aber wenn wir Ängste und Sorgen einfach ihr Unwesen in uns treiben lassen, werden wir dazu. Es ist daher wichtig, zu beobachten, negative Gefühle zuzulassen, ihnen aber nicht die Kontrolle zu übergeben.

Es ist nicht einfach, sich dem Wirrwarr im Kopf zu stellen. Sich selbst zu akzeptieren. Das ist ein Prozess, der nicht von heute auf morgen stattfindet.

Herauszufinden, wer man ist und wozu man auf dieser Welt ist, dürfte wohl eines der schwierigsten Kunststücke sein, wenn man sich sein halbes Leben angepasst hat. An die Erwartungen und Messlatten anderer, an fremde Ziele, an Träume, von denen man dachte, sie seien die eigenen.

Ich habe mir vorgenommen, mir über meine Ziele klarzuwerden. Ich nehme mir ein Jahr Zeit für MEINE Wünsche und MEINE Träume. Ich wüsste manchmal gern, wer ich bin und was meine Aufgabe in diesem Leben ist. Vielleicht finde ich endlich Antworten.

Lektion 6: Glück ist, zu wissen, dass man nicht allein ist

Die Euphorie nach dem zweiten Glückfindertag trägt mich auf Flügeln – nicht nur im übertragenen Sinn. Am Tag nach der Veranstaltung fliege ich für zwei Wochen nach Marokko. Ich schließe mich einer Gruppe an – alles Einzelunternehmer, darunter Blogger, Webentwickler, Grafiker, Texter, virtuelle Assistenten.

Wir machen zusammen Urlaub in einer Unterkunft in Taghazout, gleichzeitig arbeitet jeder an seinen Projekten. Workation nennt sich das Ganze, und ich bin total aufgeregt, die anderen digitalen Nomaden kennenzulernen, die ihren Arbeitsort und ihre Arbeitszeiten so wie ich nach ihren Vorstellungen gestalten wollen, nicht nach denen eines Vorgesetzten.

Die Reise zeigt mir wieder, wie wichtig es ist, Menschen um sich zu haben, die ähnlich ticken, die einen verstehen und nicht verurteilen, weil man sich für einen bestimmten Lebensweg entschieden hat.

Ich höre während der zwei Wochen spannende Geschichten. Von einer steilen Karriere in der Verlagsbranche, von teuren Pumps, Kleidung und Kosmetik. Ihre Wohnung sei mit so vielen Sachen angefüllt gewesen, sagt Sabine, eine Mitreisende. Doch in ihrem Inneren sei es leer gewesen. Ihr wurde bewusst, dass sie mit ihrem Konsum einen Mangel kompensierte, der sich nicht durch Materielles beheben ließ. Sabine verkaufte alles und ging auf Reisen. Über ein Jahr ist sie bereits unterwegs.

Dann ist da Bastian, zweifacher Uni-Abbrecher, der bis vor einem Jahr keine Ahnung hatte, was er mit seinem Leben anfangen sollte. Ihn hatte der Konsum in die Schuldenfalle getrieben. Doch seine Leidenschaft fürs Reisen wurde zu seiner Motivation, um mehr zu erreichen. Heute ist Basti erfolgreicher Einzelunternehmer, verkauft Tierprodukte, bereist die Welt und hält Vorträge.

Jeder hat seine Geschichte zu erzählen. Und jene, die es geschafft haben, ihren Weg zu finden, scheinen zufrieden. Glücklich. Nicht weil sie einen bestimmten Status erreicht haben oder eine bestimmte Summe verdienen. Nein. Sie führen ein Leben in Freiheit. Sie bestimmen selbst über jeden einzelnen Tag.

Vielleicht ist es das, was ich mir immer gewünscht habe. Vielleicht bin ich deshalb in meinen Angestelltenjobs nicht glücklich gewesen. Ich erinnere mich an die Zeit als PR-Redakteurin: Ich habe mich wortwörtlich gefangen gefühlt in diesem Bürogebäude, obwohl ich tageweise auch von zu Hause arbeiten konnte. Weil ich mich jedoch den ganzen Tag mit Themen beschäftigte, die mir absolut nichts bedeuteten, hatte ich nach Feierabend keine Energie für irgendetwas, das mit Freude bereitet hätte.

Es ist schön zu wissen, dass ich nicht allein bin. Dass es viele Menschen da draußen gibt, die sich ebenfalls nicht zufriedengeben mit einem vermeintlich sicheren Job, der Gründung einer Familie und einem Reihenendhaus.

Nicht dass das etwas Schlechtes wäre. Ich weiß bloß: Für mich wäre das nichts. Wie wichtig mir die Freiheit ist, die berufliche und die räumliche, erfahre ich mehr als dreitausend Kilometer von zu Hause entfernt.

Dort, auf der Terrasse unseres Ferienhauses und mit Blick auf den Atlantik, stelle ich fest, dass ich mir selbst in den vergangenen Monaten viel zu viel Druck gemacht habe. Ich habe einige Projekte begonnen – aus Geldsorgen. Ich habe Stunden um Stunden nach Lösungen gesucht, um so schnell wie möglich finanziell unabhängig zu sein, und mich damit immer unglücklicher gemacht.

Und meine Gewohnheiten sind immer noch die gleichen. Heißt: Sie sind immer noch gleich schlecht. Während der zwei Wochen in Marokko habe ich kaum Auftragsarbeiten. Ich muss nur zwei Texte für Kunden schreiben, und das erledige ich in den ersten Tagen. Doch statt mir danach eine schöne Zeit zu machen, am Strand spazieren zu gehen oder in der Sonne zu liegen, sitze ich wieder stundenlang am Laptop. Ich weiß gar nicht so genau, was ich suche und was ich tue.

Vielleicht will ich neben den anderen, den „echten" Unternehmern beschäftigt aussehen. Ich weiß es nicht. Jedenfalls verbringe ich nahezu jeden Tag am Computer und habe an den Abenden, wenn wir alle zusammensitzen, kaum etwas zur Unterhaltung beizutragen.

Ich habe das Gefühl, innerlich leer zu sein.

Wo sind diese positiven Gedanken und Gefühle, die ich beim Glückfindertag in Ludwigsburg hatte? Ich habe mich danach so leicht gefühlt, als wäre alles möglich und zum Greifen nah. Ich dachte, ich kann mich jederzeit so fühlen.

Sicher, es liegt an einem selbst, wie man sich fühlt und was man denkt. Doch in der zweiten Woche in Taghazout will ich nur noch weg. Ich will nur noch, dass diese Reise zu Ende ist, weil ich nicht weiß, was ich mit mir anfangen soll. Die letzten Tage ist mir sehr oft zum Heulen zumute. Ich sitze auf der Dachterrasse unserer Unterkunft, schaue aufs Meer hinaus und höre traurige Musik. Ich will nur noch nach Hause.

Doch die Heimreise wird sich, was ich da noch nicht weiß, sehr verkomplizieren.

An unserem letzten gemeinsamen Abend in Marokko gehen wir essen. Wir sitzen draußen, das Meer ist keine dreißig Meter vom Restaurant entfernt, die Sonne geht allmählich unter. Eigentlich eine schöne Atmosphäre, aber ich fühle mich unruhig, nicht wie ich selbst. Meine Laune ist nicht die beste, ich bin die meiste Zeit sehr still. Ich bestelle ein Falafel-Sandwich und Pommes. Nicht die gesündeste Wahl, ich weiß. Eigentlich esse ich viel frisches Obst und Gemüse. Wenn es mir nicht so gut geht, bevorzuge ich jedoch schweres, deftiges Essen. Meine Wahl entpuppt sich als ... sagen wir, suboptimal.

Nachts werde ich wach, weil mir kotzübel ist. Ich laufe zur Toilette und übergebe mich. Doch schlafen kann ich danach trotzdem noch nicht. Noch zweimal muss ich nachts aufstehen und aufs Klo rennen. Ich weiß nicht, was mit dem Essen los war. Wenn ich daran denke, dreht sich mir schon der Magen um.

Auch morgens ist mir immer noch schlecht. Ich verzichte aufs Frühstück und bleibe im Bett. Unser Flug nach Düsseldorf-Weeze soll am späten Nachmittag gehen; etwas Zeit habe ich also noch.

Irgendwann rapple ich mich auf, dusche, ziehe mich an, packe meinen Koffer und lege mich bis zur Abfahrt wieder hin. Die Mädels aus meiner Gruppe fragen immer mal wieder, ob es mir besser geht. Sie versorgen mich mit Tabletten, doch ich habe nicht das Gefühl, dass sie wirken. Mir ist immer noch übel, ich bin müde, weil ich die Nacht kaum geschlafen habe. Ich fühle mich schlapp, habe Magenschmerzen und würde mich am liebsten sofort in Luft auflösen.

Als die Abfahrtzeit zum Flughafen näher rückt, gehe ich runter ins Wohnzimmer. Da sitzt die versammelte Mannschaft, alle schauen auf ihre Handys, haben ernste Gesichter.

„Was ist los?", frage ich.

„Unser Flug wurde gestrichen", sagt Katrin.

Erst denke ich, dass das ein Scherz ist. Doch leider ist es keiner.

Einige von uns entscheiden sich, trotzdem zum Flughafen nach Agadir zu fahren. Vielleicht geht ja eine spätere Maschine. Auch ich sitze im Bulli zum Flughafen. Ich bin fertig und will nur noch nach Hause. Es ist früher Nachmittag, ich habe immer noch nichts gegessen (was bei mir heißt, dass die Situation ernst ist, weil ich sonst nie aufs Frühstück verzichte) und kämpfe gegen die Übelkeit an.

In Agadir heißt es, dass von dort in den nächsten Tagen tatsächlich nichts fliegt. Wir stehen eine gefühlte Ewigkeit in der Schlange zu einem Schalter, um zu erfahren, dass wir in vier Tagen ab Agadir nach Hause fliegen können – oder in knapp zwei Tagen ab Marrakesch.

Ich kann mich nicht mehr zusammenreißen und rufe meinen Freund an.

„Schatz, unser Flug wurde gestrichen. Ich weiß nicht, wann ich nach Hause komme. Vielleicht erst übermorgen", sage ich unter Tränen.

„Beruhige dich. Alles ist gut", sagt er.

Doch bei mir ist gar nichts gut. Nicht nur, dass mir immer noch übel ist. Ich habe auch noch das Gefühl, dass ich eine Blasenentzündung bekomme. Als wir ins zweihundertfünfzig Kilometer entfernte Marrakesch losfahren, bitte ich den Fahrer, an einer Apotheke anzuhalten.

Er wisse nicht, ob heute eine aufhat, sagt er. Es ist Sonntag.

Doch ich habe Glück und versorge mich mit marokkanischen Antibiotika, die ich gleich einwerfe. Die

Fahrt verbringe ich in einem Dämmerschlaf und kurz vor Marrakesch trinke ich zumindest etwas Pfirsichnektar, den wir an einer Tankstelle kaufen.

Wir kommen in der Unterkunft an, in der wir eine Woche zuvor übernachtet hatten – vor einem Ausflug in die Sahara. Ich kann mich immer noch nicht damit abfinden, dass wir nicht nach Hause fliegen. Ich suche im Internet nach Flügen; mir ist es egal, wie viel ich dafür bezahle. Ich will nur nach Hause. Doch das Schicksal sagt mir, dass ich geduldig sein muss. Es gibt einfach keine Flüge.

Mein Körper meldet sich auch noch mit Schüttelfrost. Ich friere, als wäre ich gerade in der Antarktis. Ich stopfe mich voll mit Tabletten, lege mich in Klamotten ins Bett und schlafe bis zum nächsten Morgen.

Da sieht die Welt gleich schon wieder besser aus. Ich habe das Gefühl, dass ich das Schlimmste überstanden habe. Jetzt haben wir sogar noch etwas Zeit, um noch mal über den Markt im Zentrum Marrakeschs zu spazieren und in einen Hamam zu gehen.

Als ich im Flugzeug Richtung Deutschland sitze, freue ich mich auf Zuhause. Ich weiß zwar noch nicht, wie ich dorthin komme, denn wir fliegen nicht nach Düsseldorf, sondern nach Frankfurt-Hahn und landen mitten in der Nacht. Doch irgendwie wird es schon gehen. Und das tut es: Eva, die in Köln wohnt und die ich in der Unterkunft kennengelernt habe, kommt im Flieger mit einem holländischen Ehepaar ins Gespräch, das uns im Mietwagen mitnimmt. Die beiden setzen uns in Köln ab. Mit dem Taxi fahren Eva und ich bis zum Hauptbahnhof und verabschieden uns. Sie fährt mit der Straßenbahn weiter und ich muss noch nach Düsseldorf. Was für eine Reise!

Ich komme irgendwann am frühen Morgen zu Hause an und lege mich ins Bett. Den nächsten Tag verbringe ich mit Aufräumen und ärgere mich über meinen Freund, weil ich mich nach all den Strapazen auch noch um den Haushalt kümmern muss. Ich weiß auch nicht. Manchmal habe ich das Gefühl, dass ich neu Erlerntes schnell wieder vergesse. Was ist mit der These, dass wir selbst über unsere Gedanken und Gefühle bestimmen? Mir ist vollkommen bewusst, dass es auf die Perspektive ankommt, ob etwas gut oder schlecht ist. Ich weiß sehr gut, dass es mir nichts bringt, mich zu ärgern. Aber ich tue es. Ich suhle mich richtig darin. Wütend stampfe ich durch die Wohnung und putze und schrubbe – und ich weiß, dass ich das meinem Freund später vorhalten werde.

Okay, ich bin auch sauer, weil ich erwartet habe, dass er mich nachts vom Flughafen abholt. Auch wenn der Flughafen zweihundert Kilometer von unserer Wohnung entfernt ist und er morgens zur Arbeit aufstehen muss. Ich habe es trotzdem erwartet – ohne dass er etwas davon wusste. Denn gesagt habe ich ihm, dass ich vielleicht mit jemandem mitfahren kann.

Ich weiß, dass ich mit meinen Launen nicht immer ein Geschenk bin. Und dass mein Freund trotz meiner schwarzen Phasen zu mir hält und versucht, mich aufzubauen. Aber gerade bin ich nur noch genervt und wütend und sauer.

Wann kommt dieses verdammte Glück endlich und wie lange muss ich noch darauf warten?

Lektion 7: Glück erfordert Durchhaltevermögen

Die Suche nach Glück erfordert viel Einsatz. Jetzt sind schon fast vier Monate seit Start meines Glücksprojekts vergangen und ich bin immer noch nicht so weit, wie ich vielleicht gern wäre.

Ja, einige Dinge mache ich anders als vorher. Ich versuche, mich nicht über Sachen zu ärgern, die ich nicht ändern kann. Vor ein paar Tagen flatterte mir zum Beispiel eine saftige Strom- und Gasnachzahlung ins Haus. Und im ersten Augenblick habe ich mich geärgert – über mich selbst und meinen Freund, weil wir beide viel an unseren Computern sitzen. Doch dann wurde mir bewusst: Dass ich mich ärgere, ändert nichts daran, dass die Nachzahlung beglichen werden muss.

Ich kann mir natürlich Gedanken machen, wie ich künftig bewusster mit den Ressourcen Strom und Gas umgehe. Aber dazusitzen und sich den gesamten Tag wegen eines Zettels mit Zahlen drauf zu verderben: Dafür war ich nicht bereit. Eine Erkenntnis, die mich stolz macht.

Ein Interviewpartner, mit dem ich vor wenigen Tagen zum Thema berufliche Erfüllung geskypt habe, sagt auf die Frage, wie es ihm geht, immer: „Sonnenschein und dreißig Grad." Solch eine Einstellung will ich auch haben. Ich will Herr meiner Gedanken sein – und ergo auch Herr meiner Worte und Handlungen.

Ich kenne viele Menschen, die auf die Frage nach ihrem Befinden so etwas antworten wie: „Es muss" oder „Es geht". Sie sind im Grunde darauf vorbereitet, dass das Leben ihnen ein Bein stellt. Immer wieder. Ihr Gehirn ist darauf programmiert, nur das Schlechte zu sehen und das Gute auszublenden. Deswegen haben sie auch das Gefühl, dass ihnen im Leben nichts Gutes widerfährt.

Auch ich habe eine ganze Weile nur gejammert – wie schwer ich es habe, wie furchtbar mein Leben ist. Ich habe gar nicht gemerkt, wie ich andere Menschen abgestoßen habe – allein dadurch, dass ich mich selbst nicht mochte.

Darauf habe ich keine Lust mehr. Ich will mich nicht selbst sabotieren. Ich will mich auf das Gute in meinem Leben konzentrieren, Kleinigkeiten genießen. Dass die Sonne scheint, zum Beispiel, dass die Vögel singen. Ich glaube, dass solch eine Einstellung zufriedener macht. Glücklicher.

Vielleicht spinne ich aber auch total, weil ich gerade einige richtig gute Tage erlebe und weil ich etwas aufgegeben und etwas angefangen habe: Die Motivation, an meinem Buch über Achtsamkeit weiterzuschreiben, habe ich auch nach dem zweiten Glückfindertag nicht gefunden. Manchmal reißen mich neue Impulse derart mit; ein einzelner Gedanke kann so stark sein, dass ich mich allein dadurch besser fühle, einen Plan zu haben. Den Plan dann auch umzusetzen – das ist eine ganz andere Geschichte.

Das Buchprojekt zum Thema Achtsamkeit ist also abgehakt. Vielleicht bin ich gerade nicht in der richtigen Position, um darüber zu schreiben, weil ich selbst noch keine Routine in Bezug auf eine achtsame Lebensweise etabliert habe. Leider.

Aber ich bin weiter dran an meinem Buchprojekt darüber, wie man seine Berufung findet. Dazu interviewe ich seit einigen Wochen Menschen, die sich in diesem Bereich auskennen. Ich weiß nicht, ob es an den tollen Gesprächen mit Berufungsexperten oder am Schreiben liegt, dass es mir aktuell ganz gut geht. Jedenfalls erlebe ich manchmal tatsächlich so etwas wie zarte Glücksmomente.

Ja, sie sind sehr rar. Und ich weiß auch gar nicht, ob das, was ich da bemerke, Glück ist. Aber seit dem ersten Glückfindertag habe ich angefangen, mich mit mir selbst zu beschäftigen. Ich habe angefangen, inspirierende Bücher zu lesen und zu schreiben. Und zwar über Themen, von denen ich glaube, dass sie für andere Menschen wichtig und hilfreich sind. Das ist für mich ein großer Schritt.

Ich merke, dass Glücklichsein ein hohes Maß an Konzentration und Durchhaltevermögen erfordert. Nur zu gut kenne ich diesen Zustand, wenn man sich in seinem Leid, das man meist selbst erzeugt hat, suhlt, wenn man gar nicht rausmöchte aus der Lethargie und alle um sich herum für seine Misere und miese Laune verantwortlich macht.

Jeder ist seines Glückes Schmied. Ich glaube ganz fest daran. Wer seine Zufriedenheit, sein Glück in anderen Menschen, in einem neuen Job oder einem neuen Auto sucht, wird zwangsläufig unglücklich. Das Glück ist nur in uns selbst zu finden. Nicht irgendwo außerhalb.

Das zu verstehen, hat mich Jahre gekostet.

In der Vergangenheit habe ich gedacht, dass mich eine spannende Arbeit, eine Wohnung in einer Großstadt oder ganz viel früher unzählige Taschen und Schuhe glücklich machen würden. Vollkommen. Ich besaß einst Schuhe, Handtäschchen und Schmuck in allen Regenbogenfarben. Die Regale im Kleiderschrank bogen sich vor der Last an Klamotten. Doch ich war deprimiert und unzufrieden.

Ich habe gedacht, dass es mir deutlich besser gehen würde, wenn mein Freund dies tun oder jenes lassen würde. Alles Blödsinn. Indem ich die Verantwortung für mein Leben abgegeben und an Bedingungen geknüpft habe, habe ich mich immer mehr als Opfer der Situation gesehen und wurde immer unglücklicher.

Deswegen stoße ich, als ich wieder aus Marokko zurück bin, alles von mir ab, das mir wie Ballast erscheint. Ich trenne mich von Sachen, die ich nicht brauche. Kleidung und Schuhe, die ich über Monate kein einziges Mal getragen habe, gebe ich weg. Bücher und CDs, die ich einmal gelesen oder angehört habe und die im Regal verstauben, verschenke oder verkaufe ich. Das alles hat nichts zu tun mit der wahren Katharina, mit meinen wahren Talenten und Fähigkeiten, mit dem, was ich am liebsten mache.

„Manchmal glaube ich, du würdest auch mich am liebsten weggeben, wenn du mich nicht mehr brauchst", sagt mein Freund, als er mich Kartons wegschleppen sieht.

Ich umarme ihn und weiß nicht, was ich sagen soll. Er hat wohl Angst, weil ich mich verändere. Weil ich zu einem anderen Menschen werde. Aber diese Transformation brauche ich gerade. Ich habe schon immer Geschichten über Wandel geliebt: von Menschen, die zum Beispiel stark übergewichtig waren und sich Schritt für

Schritt zu einem gesunden und schlanken Körper hinge-
arbeitet haben. Von alleinerziehenden Frauen, die eine
Chance wahrgenommen und sich finanziell unabhängig
gemacht haben. Von Uni-Abbrechern, die erfolgreiche
Unternehmer geworden sind.

Möglicherweise hat die Veränderung, die ich gerade
anstoße, etwas mit der Beschäftigung mit dem Thema
Berufung zu tun. Die Interviews mit den Coaches und
Beratern lassen mich keineswegs kalt: Ich befasse mich
mit dem, was ich wirklich will, und komme meiner
Vorstellung von einem glücklichen Leben immer näher.
Glaube ich zumindest.

Und Glaube versetzt ja bekanntlich Berge. Noch so
eine Redewendung. Doch auch sie hat einen wahren
Kern. Ich kann mich zu jeder Zeit gesund, glücklich und
zufrieden fühlen. Auch wenn ich plötzlich kein Auto
mehr hätte und keine Wohnung in der Nähe des Düsseldorfer Medienhafens. Ich merke, dass ich selbst genug
bin. Und wertvoll.

Zugegeben, an schlechten Tagen denke ich keineswegs so. Dann holen mich die Ängste wieder ein und
alles scheint grau. Dann fällt es mir schwer, in Inter-

views richtig zuzuhören und Fragen zu stellen. Dann kann ich mich kaum zu etwas aufraffen.

An guten Tagen jedoch bin ich voller Energie und Zuversicht. Das mit den regelmäßigen Arbeitspausen habe ich zwar immer noch nicht raus, aber ich beschließe, mir selbst mehr Zeit zu widmen. Zu meditieren. Wieder mehr Sport zu treiben. Und ich fange mit Yoga an; etwas, das ich schon vor längerer Zeit wollte, aber aus finanziellen Sorgen nicht ausprobiert habe. Der Monatsbeitrag ist schließlich nicht ohne.

Ich weiß nicht, woher meine Geldsorgen kommen. Vielleicht hat es damit zu tun, dass wir als Aussiedlerfamilie in Deutschland mit nichts als ein paar Koffern mit Kleidung und Geschirr neu anfangen mussten. Meine Eltern haben ihr Leben lang gespart, sich kaum etwas gegönnt. Zu viert sind wir nur ein einziges Mal verreist; das war 1996 und wir flogen zu unseren Verwandten nach Russland. Urlaub mit der Familie kannte ich in der Form, wie er für viele deutsche Kinder normal ist, gar nicht.

Kleidung und Schuhe haben wir günstig gekauft. Und wenn irgendeine große Ausgabe die Pläne meiner

Eltern durchkreuzt hatte, eine Autoreparatur zum Beispiel, musste der Gürtel eben noch enger geschnallt werden. Ich sehe meine Mutter noch vor mir, wie sie alle Einnahmen und Ausgaben in ein Haushaltsbuch einträgt. Wie sie Prospekte von Supermärkten studiert und nach Angeboten sucht.

Lange habe ich geglaubt, dass Geld ein notwendiges Übel ist und den Charakter verdirbt. Sprüche wie diese haben sich im Laufe der Jahre in meine Gehirnwindungen gekrallt und meine Gedanken und mein Handeln beeinflusst. Einerseits hatte ich verinnerlicht, dass reiche Menschen keine netten Menschen sind. Andererseits wollte ich unbedingt Karriere machen und reich sein, weil meine Eltern immer gespart hatten. Und schließlich waren wir ja nach Deutschland gezogen, damit mein Bruder und ich es mal besser haben als unsere Eltern.

Kein Wunder also, dass ich Verwaltungskarriere machen und in einer Behörde arbeiten wollte, als ich auf dem Gymnasium war. Ich strebte nach Sicherheit, nach Geld.

Und als ich in meinem Redakteursjob gut verdiente, gab ich einerseits Geld für – im Nachhinein betrachtet – unnütze Dinge aus, und hortete es andererseits. Ich sparte, aber ich wusste nicht wofür. Ich hatte keinen Traum oder so.

Sicher, mit der Selbstständigkeit habe ich mich auf ein unsicheres Terrain begeben. Ich bekomme den Gründungszuschuss und habe Ersparnisse. Und ich bin gespannt, wie es für mich weitergeht.

Dennoch ist das Thema Geld für mich nicht unwichtig. Ich würde einige Überzeugungen, die ich in Bezug darauf habe, gern ablegen. Ich sage mir seit Neuestem, dass ich reich bin. Dass ich mir keine Sorgen des Geldes wegen machen brauche, weil ich mit meiner Ausbildung und Erfahrung immer eine Möglichkeit finden werde, Geld zu verdienen.

Alles eine Frage der Perspektive.

Einige Wochen nach der Marokko-Reise erlebe ich einen Höhenflug, wie ich ihn schon seit gefühlten Ewigkeiten nicht mehr hatte. Alles gelingt mir, ich habe das Gefühl, dass es kaum besser laufen kann. Ich habe

Ziele und Träume und freue mich auf eine weitere Reise, die ich bald antreten werde.

Ich glaube plötzlich an mich selbst. Aber ich misstraue dem Ganzen auch. Ich kenne nicht nur die schwindelerregenden Höhen, sondern auch die tiefen Täler. Ich weiß nicht, ob es daran liegt, dass ich mir mit diesem Misstrauen quasi selbst ein Bein stelle. Jedenfalls stürze ich schon kurze Zeit später wieder ab.

Plötzlich bin ich doch nicht so sehr von meinen Projekten und meinen Zielen überzeugt. Ich stelle mein Buchprojekt infrage, Interviewpartner, die ich dafür kontaktiert habe, sagen Termine ab. Nichts scheint mehr leicht, sondern alles zentnerschwer.

Meditiert habe ich nur ein paar Tage lang und beim Yoga finde ich nicht die Entspannung und Leichtigkeit, nach der ich mich so gesehnt habe, sondern schaue ständig auf die Uhr.

Was ist los mit mir?

Ja, ich weiß. Ich habe den Absturz selbst zu verantworten. Statt einfach weiterhin das zu tun, was mir guttut, habe ich jeden Tag damit gerechnet, dass es wieder bergab geht. Und genau das ist dann eingetreten.

Nach einigen Tagen völliger Lethargie, in denen ich nicht aus der Wohnung gehe und belanglose Videos auf YouTube schaue, beginne ich dann doch wieder mit meinem Wohlfühlprogramm. Mist. Wer hätte gedacht, dass Glücklichsein so viel Arbeit bedeutet?

Lektion 8: Wahres Glück sind Beziehungen

Für den dritten Glückfindertag fliege ich nach München. Andreas wird heute in Krailing über die Themen Entscheidung und Vertrauen sprechen. Der Veranstaltungsort liegt am Schlosspark, direkt neben dem Fluss Würm. Kurz nach zehn Uhr morgens ist es schon warm, die Vögel zwitschern, es riecht nach Flieder. Kann ein Tag besser beginnen?

Schon länger weiß ich, dass ich selbst verantwortlich für meine Gedanken bin. Dass jeder selbst seine Wahrheit erschafft – auch ich. Wenn ich eine solche Zuversicht spüre, brauche ich nichts weiter. Ich fühle mich genau zur richtigen Zeit am richtigen Ort. So ist es auch auf dem Fußweg vom S-Bahnhof zum Veranstaltungsraum.

Da ist eine Leichtigkeit, die ich spüre. Ich habe das Gefühl, dass das Leben schön ist und einfach, wenn man es nur zulässt. Wenn man loslässt. Sicher, ich kenne auch die anderen Stunden und Tage. Wenn alles schiefzulaufen scheint, wenn ich mich mut- und kraftlos fühle.

Aber gerade erlebe ich eine Sonnenstunde. Und selbst meine Zukunfts- und Geldsorgen kann ich ganz gut abschütteln. Was ich an diesem Morgen nicht weiß: Schon wenige Stunden später werden sie mich wieder heimsuchen.

Vorher aber spricht Andreas, dem ich mich auf eine merkwürdige Art verbunden fühle, weil er auch so ein Kopfmensch ist wie ich, über die heutigen Themen.

„Wenn wir eine für uns wichtige Entscheidung treffen, müssen wir darauf vertrauen, dass sie für uns richtig war und uns unseren Zielen näherbringen wird. Dass sie uns glücklich machen wird", sagt er.

Und das kann sehr unterschiedlich aussehen, weil wir alle unterschiedlich sind. Glück ist für mich etwas anderes als für meine Nachbarin, weil wir unterschiedliche Geschichten, Werte und Erfahrungen haben.

„Wahres Glück sind Beziehungen – mit anderen Menschen und mit sich selbst", sagt Andreas.

Ja, da könnte etwas dran sein. Und auch wenn ich über mich sagen würde, dass ich ein Einzelgänger, ein Einzelkämpfer, ein Einsiedlerkrebs bin, sind mir Beziehungen und Kontakte wichtig.

Auf immer und ewig allein zu sein – das kann und will ich mir nicht vorstellen. Vielleicht bin ich also doch sozialer, als ich gedacht habe. Vielleicht kenne ich mich nicht gut genug, wenn ich mich als Außenseiter bezeichne. Vielleicht bin ich einfach nur noch nicht bereit, meine Komfortzone zu verlassen und verstecke mich hinter der Vorstellung, dass ich allein und ohne Hilfe besser zurechtkomme. Weil es nicht schwer ist, alles selbst zu machen. Sich um alles zu kümmern, ohne andere einzubeziehen.

Mein Freund nennt mich seit einiger Zeit „CIA", weil ich so gut darin bin, Dinge für mich zu behalten. Weil ich mit bestimmten Informationen – meist über mich selbst und meine Pläne – erst dann herausrücke, wenn es schon gar nicht anders geht. Ich bin eine Geheimagentin. Bloß ohne tolle Gadgets wie Röntgenbrille oder Uhr mit Kreissäge. Auch einen geheimen Auftrag habe ich nicht; im Gegenteil. Ich will mit dem, was ich schreibe, anderen Menschen Mut machen, sie inspirieren. Und da wäre es doch schlauer, ihnen von meinen Plänen zu erzählen, oder?

Würde ich sagen, dass ich jetzt glücklicher bin als Anfang des Jahres? Keine Ahnung. Ich sehe einige Dinge positiver als vor ein paar Monaten. Je mehr ich mich mit der Suche nach Glück beschäftige, umso sicherer bin ich, dass ich nicht zu suchen brauche. Ich habe schon alle Voraussetzungen, um glücklich zu sein. Einfach nur, weil ich BIN. Weil ich gesund bin und Menschen um mich habe, die mich lieben. So wie ich bin. Ich vergesse das bloß immer wieder. Kopfmensch eben. Zu viele Gedanken, die vom Wesentlichen ablenken.

Letztens war ich bei einem Vortrag des Transformationstherapeuten Robert Betz. Da ging es auch darum, dass man bei sich selbst bleiben und sich annehmen soll, wie man ist. Solche Vorträge motivieren mich für kurze Zeit – es ist wie ein Aufflammen. Doch die Flamme erlischt sehr schnell wieder, weil mich der Alltag einholt. Ich habe immer noch keine deutlich anderen Gewohnheiten als früher. Ich verfalle immer noch sehr leicht in eine depressive Stimmung.

So etwas scheint Bettina Gregori nicht zu kennen. Andreas' Frau erzählt heute von ihrem Glück. Und ihr ist schon auf hundert Meter Entfernung anzusehen, dass sie glücklich ist. Da ist dieses Strahlen in ihren Augen, auch wenn sie über banale Dinge spricht.

Seit neun Jahren sind sie und Andreas ein Paar und zusammen in der Schweiz glücklich. Aber auch vorher war das Glück auf Bettinas Seite. Weil sie (ganz im Gegensatz zu mir) Dinge einfach macht, weil sie träumt, ohne gleich an die Umsetzung ihrer Träume und an die vielen Aber zu denken.

Bettina ist in einem kleinen Dorf am Rhein aufgewachsen, wo jeder jeden kennt. Später arbeitete sie im Dorfkindergarten und wäre vielleicht immer noch dort, hätte sie nicht im Wald ihr Glück gefunden: Bei einem Wandertag am 1. Mai begegnete sie Andreas und die beiden wurden kurz darauf ein Paar. Nach einiger Zeit nahm Andreas einen neuen Job an und pendelte. Doch auch trotz Wochenendbeziehung war Bettina zufrieden. Zwei Jahre sahen sie sich nur an den arbeitsfreien Tagen, dann gab Andreas Bettina die Visitenkarte einer Personalmanagerin mit vielen Kontakten im Bereich

Kindergärten. Bettina rief die Frau an und hatte am selben Tag einen Termin mit ihr.

Zum Vorstellungsgespräch ging sie ohne jegliche Unterlagen, ohne Lebenslauf oder Zeugnisse. Und dennoch hatte sie am Ende des Tages einen neuen Job: Sie sollte die Leitung einer Kinderkrippe in der Nähe von Andreas' Arbeit übernehmen. Diese Einrichtung stand eigentlich kurz vor der Schließung, doch Bettina war voller Motivation. Sie kündigte ihren alten Job und zog ein halbes Jahr später zu Andreas. Sie baute die Krippe zu einer dreigruppigen Einrichtung auf. Sie war erfolgreich und glücklich.

Doch Andreas war es nicht. Er suchte nach etwas. Nach einer Alternative. Nach Glück. In seinem Job im Vertrieb sah er keinen Sinn. Und nach einem Seminar, bei dem es um das Gesetz der Anziehung ging, wollte er plötzlich alles ändern. Er wollte am liebsten alles verkaufen und mit Bettina auf Weltreise gehen.

„Das war für mich ein Riesenschock", sagt sie.

Bei ihr lief alles gut: Sie fühlte sich wohl in ihrem Job, erst kurz vor besagtem Seminar hatten Bettina und

Andreas beschlossen zu heiraten. Und jetzt das? Ihr Partner war Bettina auf einmal völlig fremd.

„Für mich ist eine Welt zusammengebrochen. Wir waren geerdet und dann wollte er plötzlich alles weggeben und auf Weltreise gehen", sagt sie.

Es gab keine Weltreise.

Dennoch kündigte Andreas seinen Job, weil er keinen Sinn mehr in ihm sah. Stattdessen überlegten er und Bettina, wie es weitergehen sollte. Er fragte sie, wo sie gern leben würde.

„Und ich sagte: in der Schweiz. Da gibt es Berge und Seen und Kühe mit großen Kuhglocken."

Bettina kannte die Schweiz aus ihrem gemeinsamen Urlaub. Und kaum hatten sie und Andreas die Entscheidung, in die Schweiz zu gehen, gefällt, verschlechterte sich die Situation in Bettinas Kinderkrippe.

„Die Mitarbeiter finden an, gegen mich zu arbeiten. Und dann sollte ich plötzlich versetzt werden", sagt sie. Sie kündigte ihren Job und vertraute darauf, dass alles gut werden würde. Schließlich hatte ihr Mann – mittlerweile waren sie und Andreas verheiratet – eine Jobzusage aus der Schweiz.

Doch am Abend vor der Vertragsunterzeichnung dann die schlechte Nachricht: Die wirtschaftliche Lage habe sich verschlimmert, die Stelle, die Andreas antreten sollte, sei gestrichen worden.

Da waren sie nun: keine Jobs, Wohnung gekündigt, die Ausreise stand bevor. Was nun?

Bettina bewarb sich bei Schweizer Kindertageseinrichtungen, hatte Vorstellungsgespräche.

Während einer Autofahrt sprachen sie und Andreas darüber, wie Bettinas Traumjob aussehen sollte.

„Der Kindergarten sollte am besten in der Nähe eines Sees liegen und modern eingerichtet sein. Coole Kinder wären toll und Eltern, die meine Arbeit schätzen, und dann noch nette Kollegen. Und mehr Urlaub als bisher und eine gute Bezahlung", waren Bettinas Wünsche.

„Ich dachte: Das ist unmöglich. Die arme Irre", sagt Andreas. „Ihre Wünsche werden auf keinen Fall erfüllt. Aber ich behielt das für mich und sagte ihr nichts von meinen Zweifeln."

Bettina erhielt ein paar Zusagen und entschied sich für eine internationale Einrichtung, in der sie sich am meisten wohlgefühlt hatte. Das Vorstellungsgespräch hatte sie in der Nähe der Züricher Innenstadt gehabt. Was sie erst kurz vor ihrem ersten Tag erfuhr: Die Kita würde umziehen – in die Nähe eines Sees.

„Die Kinder und Eltern sind supercool, ich arbeite mit Kollegen aus unterschiedlichen Ländern und verdiene mehr als früher. Und ich habe mehr Urlaub als in Deutschland, weil der internationale Kindergarten an das Schweizer Schulsystem gekoppelt ist. Ich dachte, ich bin im Himmel", sagt Bettina.

Sie weiß jetzt, dass sie immer glücklich und erfolgreich sein wird, egal wohin es sie verschlägt. Alle ihre Wünsche sind wahr geworden. Wahrscheinlich, weil sie keine Sekunde an ihnen gezweifelt hat.

„Ich versuche nicht, es zu verstehen. Ich mache es einfach. Ich probiere Dinge aus. Wenn es funktioniert – gut. Wenn es nicht gut läuft, mache ich eben etwas anderes", sagt sie.

So einfach kann es also sein.

Während Andreas unzählige Seminare besuchte und Bücher über positives Denken las, vertraute Bettina einfach auf ihr Gefühl und folgte ihrer inneren Stimme.

Wir müssen nicht alles wissen und verstehen. Wir müssen bloß Entscheidungen treffen, die sich gut für uns anfühlen, und Vertrauen haben, dass alles gut wird. Das ist ein Rezept für ein glückliches Leben.

Ich kenne jemanden, der in ständiger Angst lebt, eine falsche Entscheidung zu treffen, und aus lauter Sorge alle Entscheidungen aussitzt, bis sie von jemand anderem getroffen werden. Diese Vermeidungsstrategie kann nur unglücklich machen, weil man die Verantwortung über sein Leben und seine Zukunft in die Hände anderer Menschen legt und sich dann wundert, wenn es nicht so kommt, wie man es sich eigentlich gewünscht hätte.

Ich habe auch lange gebraucht, um zu verstehen, dass es keine falschen Entscheidungen gibt. Auch eine vermeintlich falsche Entscheidung hat etwas Wertvolles. Denn wir sind menschlich. Wir dürfen Fehler machen. Um persönlich zu wachsen, müssen wir sie sogar machen. Wie sonst sollen wir lernen, besser zu werden?

In meiner Zeit als Redaktionsvolontärin habe ich einen riesigen Fehler gemacht. Ich habe kritisch über ein Unternehmen geschrieben, ohne dessen Statement einzuholen. Damals war ich zwar noch in der Ausbildung, dennoch war es ein schwerwiegender Fehler, denn das Unternehmen drohte dem Verlag mit einer Unterlassungsklage. Es war eine furchtbare Zeit. Ich habe mich über mehrere Wochen gefühlt wie ein Versager. Ich wurde noch stiller, als ich es ohnehin schon war. Ich habe mich zur Arbeit gequält – jeden Tag. Und ich wäre am liebsten im Boden versunken, hätte mich am liebsten in Luft aufgelöst.

Heute kann ich sagen: Dieser Fehler hatte etwas Gutes. Ich habe ihn danach NIE wieder gemacht.

Das ist wahrscheinlich der Grund, wieso mein Fahrlehrer in den Theoriestunden immer gesagt hatte, er wünsche allen Fahranfängern, dass sie einen kleinen Unfall mit Blechschaden bauen. Wer eine kleine Beule in sein Auto fährt, kurz nachdem er seinen Führerschein bekommen hat, fährt danach vorsichtiger. Bedächtiger. Wem das nicht passiert, wird vielleicht schnell übermütig und dadurch, wenn er Pech hat, in einen größeren Unfall verwickelt.

Ich weiß nicht, wieso mir aus meiner theoretischen Fahrausbildung ausgerechnet das im Gedächtnis geblie-

ben ist. Wenn ich zurückschaue, hat Jürgen, mein Fahrlehrer, viele wertvolle Dinge gesagt. Zum Beispiel das:

„Es muss nicht perfekt sein, nur brauchbar."

Nur habe ich ihm nicht so richtig zugehört. Ich habe
sehr lange nach Perfektion gestrebt, mich an Kleinigkeiten verbissen und mir selbst ein Bein gestellt. Ich war
mir selbst nie genug und dachte immer: Es geht noch
besser, noch schneller, noch effektiver.

Heute weiß ich es besser. Aber noch handle ich nicht
danach. Ich weiß zwar, dass es wichtig ist, gelassen zu
sein. Doch oft lebe ich einfach nur nach den Automatismen, die ich mir über viele Jahre „erarbeitet" habe.
Diese Automatismen zu erkennen und zu hinterfragen,
kann Jahre dauern. Zu erkennen, wer man eigentlich ist,
lernt man nicht bei einem Wochenendseminar.

Je mehr man sich mit sich selbst beschäftigt, umso
mehr erkennt man, was Glück ist. Das kann sich auf
unterschiedliche Weise zeigen. Der eine findet Erfüllung in seiner Arbeit oder seinem Hobby. Der andere ist
glücklich mit einem tollen Partner, weil er jeden Abend
bei seiner Familie sein kann oder gute Freude hat.

„Jeder von uns setzt sich seine Lebensbausteine selbst zusammen", sagt Heinrich, mit dem ich mich in der Pause unterhalte. Wir sitzen in einem Biergarten, die Sonne scheint, in drei Metern Entfernung plätschert der Fluss Würm. Heinrich sagt, dass er das Joggen braucht, um sich gut zu fühlen. Aber nur weil das für ihn gut funktioniert, jeden Tag eine bis anderthalb Stunden in der Natur zu sein, heißt das nicht, dass das der Allheilplan für jeden von uns ist. Auch wenn es fürs eigene Wohlbefinden ungemein förderlich ist, sich draußen an der frischen Luft aufzuhalten.

Studien zufolge steigert kaum etwas anderes unser Wohlbefinden so sehr wie Zeit in der Natur. In einer wissenschaftlichen Untersuchung haben Forscher festgestellt, dass Teilnehmer nach einem anderthalb Stunden langen Spaziergang weniger negative Gedanken hatten. Außerdem waren bei ihnen jene Regionen im Gehirn weniger aktiv, die in einem Zusammenhang mit Depressionen stehen.

Auch Bewegung ist ein wichtiger Aspekt: Körpereigene Substanzen sind dafür verantwortlich, dass wir uns bei und nach körperlicher Aktivität wohlfühlen. Diese

Substanzen können uns in einen rauschhaften Zustand versetzen – ähnlich wie Drogen. Außerdem steigt die Menge an Serotonin im Körper, wenn man Sport treibt. Und es werden andere Botenstoffe wie Dopamin, Adrenalin und Noradrenalin ausgeschüttet, die die Stimmung aufhellen.

Nur: Auch wenn wir das alles wissen, treibt uns dieses Wissen noch lange nicht in unsere Sportklamotten und nach draußen. Das kenne ich von mir selbst sehr gut. Ich kenne alle möglichen Ausreden, um NICHT laufen zu gehen: Das Wetter ist blöd. Ich habe gerade gefrühstückt und sollte mit vollem Magen nicht laufen. Ich muss noch diese Serie zu Ende gucken.

Meist sind wir einfach total unbewusst. Ich bin da keine Ausnahme. Manchmal packt mich der Enthusiasmus und ich laufe eine oder zwei Wochen lang alle zwei Tage. Doch sobald ich dann einmal auslasse, fällt es mir umso schwerer, den Rhythmus beizubehalten und dranzubleiben.

Es ist vielleicht wie Andreas sagt: „Die beste Motivation sind entweder große Ziele oder große Schmerzen."

Ich bin als Veganerin relativ gesund und relativ schlank. Abnehmen ist mir als Ziel wahrscheinlich nicht groß genug. Und Schmerzen habe ich auch nicht.

Ich bewundere Menschen, die an Dingen dranbleiben können. Mein Bruder macht Kraftsport, seit er sechzehn Jahre alt ist. Mehr als sein halbes Leben. Für ihn ist es das Normalste der Welt. Eine Woche ohne Sport ist für ihn schrecklich. Er hat mir geraten, mit zwei Übungen zu arbeiten: Ich soll meinen Traumkörper visualisieren – als Antrieb, um mehr Sport zu machen. Und ich soll mich einfach die ersten Monate dreimal die Woche zum Sport zwingen. Dann entstehe eine Gewohnheit und ich werde gar nicht mehr ohne Sport können.

Das hört sich in der Theorie immer einfach an. Bei mir hapert es an der Umsetzung, immer an der Umsetzung. Und das Sofa ist im Zweifel immer bequemer.

Ähnlich ist das mit anderen Übungen. Ich habe gelesen, man soll, um sich besser zu fühlen, fünfzig erreichte Ziele aufschreiben oder fünfzig Dinge, die man besonders gut kann. Tolle Sache – in der Theorie. Bloß: Wer macht diese Übungen schon? Warum ist der Schweinehund bei einigen Menschen so viel stärker?

Und warum ist uns das eigene Glück augenscheinlich als Ziel nicht groß genug, damit wir etwas verändern?

Ich könnte gleich hier und jetzt einen Vortrag darüber halten, dass es nicht viel braucht, um ein glückliches Leben zu führen. Nur die richtige Einstellung. Klar, mit diesem Credo bin ich schon weiter als noch vor ein paar Monaten. Damals habe ich nur gesehen, was in meinem Leben NICHT funktioniert, was ich NICHT erreicht habe, was ich NICHT bin und NICHT will.

Aber nur weil ich weiß, dass es die eigene Entscheidung ist, ein glückliches Leben zu führen, heißt das nicht, dass ich mich auch jeden Tag dafür entscheide. Nur weil ich weiß, dass es hilfreich ist, ein Lächeln aufzusetzen und dem Gehirn zu suggerieren, dass man schon glücklich ist, bedeutet das nicht, dass ich das auch jeden Tag tue.

Trotz der Vorträge und Bücher, die ich mir zu Gemüte geführt habe, lebe ich teilweise immer noch nach negativen Automatismen, gehe in die Luft oder ziehe mich zurück, wenn mich einer kritisiert. Gebe schnell auf, wenn ich Hürden sehe.

In der Theorie bin ich Zen-Meisterin. In der Praxis sitze ich oft zusammengekauert und mit starrem Blick da und versuche zu verstehen, was gerade los ist.

Komisch. Auch in der Schule war ich in der Theorie immer besser. Also: im Schreiben besser als im Sprechen oder Vortragen.

Als Kind habe ich doch meine Meinung gesagt. Das mit den Hausaufgaben zum Beispiel. Mir war es egal, was andere denken. Irgendwann muss ich auf dem Weg ins Erwachsenenleben verinnerlicht haben, dass ich nicht richtig bin, wie ich bin. Dass andere recht haben. Dass ich noch eine Menge zu lernen habe. Solch eine Denke abzustellen, braucht viel Einsatz und viel Zeit.

Ja, ich liebe Geschichten vom Wandel, von Veränderung. Aber manchmal nerven sie mich auch. Weil ich anfange, mich mit anderen zu vergleichen.

Warum bin ich noch nicht so erfolgreich wie Person X?

Warum verdiene ich noch nicht so viel Geld wie Person Y?

Warum dauert die Suche nach Glück bei mir so lange, während Person Z es schon ganz schnell verstanden hat?

„Große Entscheidungen treffen wir mit großen Zielen vor Augen oder aufgrund von großen Schmerzen", wiederholt Andreas.

Er erzählt die Geschichte eines Ehepaares, das den Traum hatte, eine Million Mark anzusparen und mit einem Wohnwagen durch die Welt zu ziehen. Er war Leiharbeiter, sie Verkäuferin. Von ihren Freunden wurden sie ausgelacht, doch sie ließen sich nicht entmutigen. Sie hielten an ihrem Traum fest, sparten Geld und hatten zehn Jahre später tatsächlich eine Million Mark auf dem Konto. Sie kauften sich ein Expeditionsmobil und gingen auf Reise. Und die Kritiker sagten, dass die zwei ja nur Glück gehabt hätten.

Nein, sie hatten kein Glück. Sie haben einfach zehn Jahre lang einen kompletten Lohn zur Seite gelegt. Sie haben eine Entscheidung getroffen und alles getan, um ihren Traum zu verwirklichen.

Warum habe ich kein großes Ziel? Was will ich denn überhaupt vom Leben? Habe ich Träume?

Die Geschichte des Ehepaars erinnert mich daran, dass ich in meiner Selbstständigkeit nicht genug Geld verdiene, um etwas zur Seite zu legen. Dass ich keine Ahnung habe, wie es für mich weitergehen wird. Dass ich nicht einmal weiß, wie ich in einem halben Jahr Miete und andere Rechnungen bezahlen soll. Mein Erspartes wird schon bald aufgebraucht sein. Die Leichtigkeit des Morgens ist wie weggefegt.

Lektion 9: Glück ist, sich nicht verstellen zu müssen

Auch die zweite Geschichte an diesem Tag bessert meine Stimmung nicht. Im Gegenteil. Und Michael Jordan, Andreas' Interviewpartner, kann überhaupt nichts dafür. Er ist Fotograf und hat sehr früh angefangen, auf seine innere Stimme zu hören.

Seit seinem sechzehnten Lebensjahr fotografiert er. Am liebsten Menschen. Die Fotografie kam als Hobby zu ihm und ist seine Berufung geworden. Auf seinem Weg hatte Michael einen Mentor, der für ihn sehr wichtig war: Oswald Kettenberger, ein Mönch, der Bekanntheit als Fotograf erlangt hat.

„Er hat die Gabe, Menschen so zu fotografieren, wie sie wirklich sind", sagt Michael. Zwischen seinem sechzehnten und zwanzigsten Lebensjahr besuchte er seinen Mentor regelmäßig im Kloster Maria Laach in der Eifel und brachte jedes Mal einen Stapel seiner Bilder mit. Der Mönch schaute sich diese an, teilte sie in zwei Stapel, deutete auf den kleineren Stapel, in dem sich nur zwei, drei Fotos befanden und sagte:

„In der Richtung würde ich weitermachen."

Das waren häufig Bilder von Menschen, weil Michael schon als Jugendlicher gern beobachtet und andere Menschen in natürlichen Situationen fotografiert hat. Er machte eine Ausbildung und arbeitete dreiundzwanzig Jahre als Fotograf in einem Museum. Die Arbeit machte ihm zwar Spaß, doch er fotografierte nunmehr Objekte, keine Menschen.

„Die Sicherheit war mir lange wichtig", sagt er. Nach vielen Jahren fühlte sich Michael nicht mehr wohl mit dem, was er tat: „Ich bin morgens nicht mehr gern aufgestanden", sagt er. Kurz darauf kam ihm die Erkenntnis: „Ich muss kündigen."

Er machte sich selbstständig und tut heute das, was er schon als Jugendlicher am liebsten gemacht hat: Menschen fotografieren. Er möchte, dass diejenigen, die er fotografiert, ein gutes Gefühl dabei haben, fotografiert zu werden. Denn die meisten Menschen halten sich für nicht fotogen, für zu klein oder zu dick, zu schlaksig oder einfach nicht hübsch genug.

„Wenn Eltern mit der Kamera in der Hand zu einem Kind sagen, es soll doch mal richtig gucken, lernt es, dass es falsch ist, wie es ist", sagt Michael. Und das bleibt hängen – bis ins Erwachsenenalter. Deswegen lässt Michael seine Modelle, wie sie sind. Sie sollen sich nicht verstellen.

So zu sein, wie wir eigentlich sind: ein schönes Ziel. In der Unterkunft in Marokko habe ich voller Bewunderung eine junge Frau beobachtet, die Ukulele gespielt und gesungen hat, obwohl sie nicht die beste Stimme hat. Sie hat dagesessen und gelächelt und das gemacht, was ihr Freude bereitet, ohne daran zu denken, was andere vielleicht davon halten.

Und so möchte ich auch wieder sein: ich selbst, frei. Ohne Zweifel oder Ängste, ohne diese negativen Stimmen in meinem Kopf, die mir einreden, ich sei nicht gut genug. Die sagen, dass meine Ideen Blödsinn seien. Die mich davon abhalten, authentisch zu sein.

Seit einiger Zeit versuche ich, meine Gedanken zu beobachten. Aber das ist gar nicht so einfach. Wenn man sein Leben lang auf Autopilot unterwegs war und sich plötzlich in einem Teil der Welt wiederfindet, den man nicht kennt, wenn man nicht weiß, wohin es geht, und keine Ahnung hat, wie man fliegen soll, dann kann das alles ein bisschen viel auf einmal sein.

Ein Interviewpartner, mit dem ich über berufliche Erfüllung gesprochen habe, rät, negative Gedanken mit einer lustig verstellten Stimmte nachzusprechen. Mit der von Micky Maus zum Beispiel. Wenn ich einen bösen Gedanken, etwa: „Das schaffst du doch nicht, du bist nicht gut genug", identifiziere und ihn mit Donald Ducks Stimme nachspreche, verliert er seine Brisanz. Bloß: Die meisten Gedanken nehme ich überhaupt nicht wahr. Sie sind meine Wahrheiten, die so schnell aufblitzen, dass ich sie nicht fassen kann. Und plötzlich habe ich schlechte Laune und weiß nicht, warum.

Deswegen weiß ich nicht so recht, was mich an dem dritten Glückfindertag runterzieht. Nach der Veranstaltung stehen einige noch unten am Fluss Würm, unterhalten sich, wir machen ein Gruppenfoto. Ich spreche kurz mit Andreas.

„Ich denke darüber nach, Biografien zu schreiben",
sage ich.

„Das ist eine tolle Idee", sagt er.

„Eine Interessentin hat mich gefragt, ob ich nicht ihre Geschichte als eine Art Biografie aufschreiben will."

„Das ist doch super", sagt Andreas.

„Ja, das glaube ich auch. Ich habe das Gefühl, dass
die PR-Schreibe nicht ganz meins ist. Und ich spreche
ja gern mit Menschen und so."

„Probiere es aus. Du kannst den Michael Jordan fragen. Er hat bestimmt Interesse. Und wenn das gut läuft,
kannst du ihn und seine Biografie als Referenz ange-
ben", schlägt Andreas vor.

„Hm, gute Idee", sage ich. Und weiß, dass ich das
nicht tun werde. Gerade treibt mich die Sorge um, wie
ich als Selbstständige im Bereich Text langfristig Geld
verdienen soll. Zum Glück rettet mich der Gründungszuschuss noch ein paar Monate. Doch was dann?

Ich verlasse Krailing – nachdenklich, ein wenig planlos. Ich fahre mit der S-Bahn zurück nach München,
wandle durch den Englischen Garten und den Hofgar-
ten. Die Sonne scheint immer noch. Ich laufe barfuß

über die Wiese und versuche zu verstehen, was da gerade in meinem Kopf los ist.

Ein Mädel kommt mir entgegen, auf ihrem T-Shirt steht „All roads lead to you" – alle Wege führen zu dir. Ja, stimmt schon. Aber ...

Richtung Hotel komme ich an einer Buchhandlung vorbei. Eigentlich will ich kein Buch kaufen, aber irgendetwas zieht mich doch hinein. Ich bin keine zehn Sekunden in dem Geschäft, da bleibt mein Blick an einem dicken Wälzer haften und ich muss lächeln: Da steht „Biografie", ein Buch von Maxim Biller.

„29,99 Euro", sagt die Kassiererin.

Lektion 10: Man muss sich immer wieder daran erinnern, glücklich zu sein

Die Sache mit den Biografien erledigt sich irgendwie von selbst. Die Interessentin, die mich gefragt hat, ob ich ihre Biografie schreiben würde, springt ab. Und im Roman von Maxim Biller lese ich keine zehn Seiten.

Da bin ich nun. Wieder im Nirgendwo und planlos, was meine Zukunft anbelangt.

Klar, ich bin offiziell selbstständig und habe den ein oder anderen Auftrag. Aber das reicht noch nicht, um davon leben zu können, und ich frage mich immer mehr: Ist es wirklich das, was ich machen will?

An guten Tagen denke ich zurück an mich selbst beim ersten Glückfindertag und freue mich, weil ich das Gefühl habe, dass sich die schwarzen Wolken verzogen haben. Oder dass sie zumindest nicht mehr so schwarz sind.

An schlechten Tagen bin ich traurig, hänge in der Wohnung herum, kann mich nicht aufraffen zu schreiben oder sonst irgendetwas zu tun, was meine Situation ändern würde.

An guten Tagen sehe ich das Schöne im Alltäglichen und in meinem Leben. Ich sehe meine Stärken und Talente und freunde mich mit meinen Schwächen an. Ich habe das Gefühl, dass ich das tue, was ich gern tue, wenn ich darüber schreibe, wie man glücklich wird oder seine Berufung findet. Und ich habe das Gefühl, dass es ewig so bleiben wird.

Doch dann kommen wieder Scheißtage, an denen ich kaum aus dem Bett komme und schlechte Laune habe. Wenn ich null Hoffnung habe und null Bock. Wenn mich alle Coaches und Glücksforscher dieser Welt mal können.

Einerseits glaube ich, dass die Selbstständigkeit das Richtige für mich ist und ich sie nicht so schnell wieder aufgeben werde. Andererseits habe ich keine Struktur in meinem Tagesablauf und verliere mich viel zu oft in der Internetsuche. Ich informiere mich über Akquise, was an sich gut ist, mich aber dennoch nicht weiterbringt.

Ich lese über Möglichkeiten, um mir ein passives Einkommen aufzubauen, weil ich Angst davor habe, nichts zu haben. Ich stolpere über Geschichten von Menschen, die innerhalb weniger Monate erfolgreich geworden sind – und fühle mich noch schlechter.

Ich weiß, dass ich gern schreibe und dass es mein Traum ist, vom Bücherschreiben zu leben. Aber an den meisten Tagen schreibe ich nicht. Ich halte mich selbst davon ab. Und selbst wenn ich mich an den Rechner setze, ist mein Hirn leer und das Icon des Internetbrowsers nicht weit.

Über eine Bekannte lerne ich eine Berufungsberaterin kennen. Und weil ich das Gefühl habe, dass da noch mehr in mir steckt, dass ich mehr kann als nur schreiben, buche ich ein Coaching bei ihr. Ein ganzer Tag, an dem es um mich und meine Berufung gehen soll.

Wir treffen uns an einem Morgen in einem Bürogebäude in Düsseldorf. Bei einem Vorgespräch hat mir die Beraterin schon ein paar Fragen zu meinem Werdegang gestellt. Jetzt geht es aber nicht um meinen Lebenslauf, sondern um meinen perfekten Tag.

„Wie soll er aussehen?", fragt Heide.

„Puh. Das ist schwer. Also ich stehe gern früh auf. An meinem perfekten Tag wache ich in meinem Zimmer in einer Ferienanlage in Australien auf, direkt am Strand."

„Und dann?"

„Ich setze mich an meinen Laptop und arbeite an meinem Buch. Dann frühstücke ich und schreibe weiter, etwa eine Stunde."

„Gut. Und danach?"

„Ich gehe am Strand spazieren, komme wieder in mein Zimmer und ziehe mich für ein anstehendes Interview um, packe einen Block, einen Stift und ein Aufnahmegerät ein."

Heide ermuntert mich lächelnd und nickend weiterzusprechen.

„Ich unterhalte mich mit einem Interviewpartner, etwa anderthalb bis zwei Stunden lang. Ich fühle mich wie auf Wolken, weil der Mensch verstanden hat, worum es im Leben geht."

Ich wundere mich selbst, woher diese Gedanken auf einmal kommen.

„Danach gehe ich eine Stunde Fahrrad fahren, esse einen Salat und treffe mich abends mit Leuten, die ich über Facebook kennengelernt habe. Wir sitzen am Strand und unterhalten uns."

Wie cool das wäre, denke ich. Ein Leben, das sich ums Bücherschreiben und um Gespräche mit Menschen dreht.

Um andere Menschen geht es dann in der nächsten Übung: Aus einer Vielzahl an Fotos und Bildern, die Heide auf dem Tisch verteilt hat, soll ich drei aussuchen, die mich spontan ansprechen. Ich überlege nicht lange und entscheide mich für drei Schwarz-Weiß-Bilder, auf zweien davon junge Männer, auf einem eine junge Frau.

„Jetzt geht es darum, dass du dir zu jedem davon überlegst, was er oder sie macht. Wie heißen sie? Was machen sie beruflich? Welche Hobbys haben sie? Was ist ihnen wichtig?", führt Heide aus.

Ich klebe das erste Foto auf ein weißes Blatt auf einem Flipchart und überlege. Es zeigt einen jungen Mann, der einnehmend lacht.

„Das ist Sascha. Er ist zweiunddreißig und ... Reise-
blogger. Er surft gern und ist ein digitaler Nomade, also
auf der ganzen Welt zu Hause", sage ich.

„Was fällt dir noch zu ihm ein? Wie ist sein Wesen,
sein Charakter?", fragt Heide.

„Hm. Er ist offen, innovativ, er hat viele Ideen. Er
lacht gern."

„Hat er vielleicht ein Lebensmotto?"

„Just do it."

Heide nickt, lächelt.

Ich kann mich gut auf neue Sachen einlassen und
diese Übung finde ich interessant.

„Gibt es etwas, das er für andere tun möchte?", fragt
Heide.

„Er möchte Straßenkindern helfen. Eine Surfschule
für Kinder eröffnen", sage ich.

Okay, das war irgendwie lustig. Aber wie soll mir
das helfen, MEINE Stärken und Talente zu erkennen?
Ich weiß, ich neige zu Ungeduld.

Als Nächstes kümmern wir uns um das Bild einer
jungen Frau. In meiner Fantasie heißt sie Sarah, ist
achtundzwanzig und designt Kleidung. Sie arbeitet noch

allein, möchte ihr Unternehmen jedoch schon bald vergrößern und sich auf Kleidung aus nachhaltigen Materialien spezialisieren. Sie ist kreativ und voller Ideen, sie lebt mit einer Freundin zusammen, ihren Freund kennt sie aus Studienzeiten. Sarahs Leitspruch ist „Lebe ungewöhnlich". Sie hat Angst davor, ihr nahe stehende Menschen zu verlieren. Sie mag Sport und engagiert sich für Flüchtlinge. Sie pfeift auf die Meinung anderer.

Dann schaue ich mir das dritte Bild an. Die Person darauf taufe ich Tarek. Er ist vierunddreißig und Musiker. Er ist sanft, herzlich, ehrlich. Er schätzt die Meinung seiner Mutter. Seine Herkunft – er wurde in der Türkei geboren – findet Ausdruck in seinen Songs. Er lebt nach dem Motto „Liebe, was du tust". Er wirkt nach außen gern hart, hat aber einen weichen Kern. Er liest gern viel über die menschliche Psyche.

Ich schaue mir die drei großen Flipchart-Blätter an. Ich habe mir über die drei Menschen so viel zusammengereimt, obwohl ich nichts über sie weiß.

„Welche Gemeinsamkeiten fallen dir auf?", fragt Heide.

„Gemeinsamkeiten? Du meinst, bei den drei Personen?"

„Genau."

„Also, sie sind alle relativ jung. Und sie arbeiten alle selbstständig."

„Okay, was noch?"

„Sie sind alle auf eine Art kreativ und interessieren sich für die Menschen um sie herum."

Irgendwann fällt der Groschen. Es geht vielleicht nicht so sehr um die anderen Menschen. Es geht auch um die Dinge, dich MICH ausmachen.

Wir machen noch weitere Übungen. Ich schreibe meine Stärken auf – dass ich vielseitig interessiert bin und humorvoll, dass ich (eigentlich) einen starken Willen habe, tiefsinnig und lösungsorientiert bin. Außerdem bin ich verlässlich und freundlich, ich bin ehrgeizig und lerne gern Neues, ich kann gut singen und lerne relativ schnell neue Sprachen.

Nach und nach entsteht eine Liste mit sage und schreibe vierundzwanzig Dingen, die ich als meine Stärken betrachte. Wahnsinn!

Ich erinnere mich wieder daran, dass ich eine gute Zuhörerin und sehr empathisch bin. Dass ich den Blick anderer Menschen aufs Positive lenken kann und mich eine Freundin aus frühen Zeiten „Fels in der Brandung" genannt hat.

Nach verschiedenen weiteren Übungen erarbeite ich mit Heide einen Plan, um meine Stärken und Talente ausleben zu können. Es nehme mir vor, meinen Blog zu überarbeiten, Gastartikel auf anderen Blogs zu schreiben, ein Konzept oder eine Marke für meinen Online-Auftritt zu kreieren, Vortragsthemen zu finden und erste Vorträge über Berufung oder Glück zu halten.

Ich bin total motiviert und arbeite die nächsten Tage an meinem Blog. Ich trete einem Texterinnen-Netzwerk bei und informiere mich über eine Ausbildung im Neurolinguistischen Programmieren, um die Kommunikation mit mir selbst und anderen zu verbessern.

Auf meiner nächsten Reise will ich Interviewpartner für meinen Blog gewinnen und weiter an meinem Buch über Berufung arbeiten.

Ich fliege von Düsseldorf nach Cartagena in Kolumbien. Dort habe ich vier Tage Zeit, bevor ich ein Schiff Richtung Portugal besteige.

Das Ganze nennt sich „Nomad Cruise" – neben ganz normalen Kreuzfahrt-Touristen wird eine Gruppe von etwa zweihundert ortsunabhängig Arbeitenden an Bord sein und solchen, die eine Selbstständigkeit oder ein nomadisches Leben in Erwägung ziehen.

Ich nutze die vier Tage vor der Atlantiküberquerung und laufe durch die Straßen Cartagenas. Die Sonne scheint und ich fühle mich richtig gut. Ich inhaliere die Geschichte dieser kleinen Hafenstadt am karibischen Meer.

Dort, am anderen Ende der Welt, fühle ich mich genau richtig. Und ich weiß auch, warum: Ich tue, was ICH will. Immer öfter entscheide ich mich für das, was mir guttut und gegen das, was ich nicht will. Ich versuche, mich nicht an Gewohnheiten anderer Menschen anzupassen. Dann bin ich eben merkwürdig. Was soll's? Ich bin, wie ich bin.

In Cartagena denke ich: Ich liebe mein Leben! Ich würde es gegen kein anderes eintauschen. Es könnte im

Moment nicht großartiger sein. Und das Lustige ist: Ich weiß ganz sicher, dass es noch besser sein wird.

Morgens arbeite ich an meinem Berufungsbuch und später erkunde ich die Stadt, wandle durch die Gassen der ummauerten Altstadt, genieße den Ausblick auf Cartagena vom Kloster Convento de la Popa aus. An einem Abend treffe ich andere digitale Nomaden, die auch aufs Schiff gehen werden.

Es ist spannend, ihre Geschichten zu hören – und gleichzeitig anstrengend. Wenn mir Martin aus der Slowakei von seiner Arbeit als Veranstalter von Hiphop-Partys erzählt, bin ich mittendrin in seiner Welt – und schaffe es später, im Hotel, nur schwer, wieder in meine einzutauchen. Wenn Elisa aus der Schweiz berichtet, welche Länder sie bereist und was sie alles gesehen hat, klingt das auch Stunden später noch in mir nach.

Ich kann die Nacht nach dem Treffen nur schlecht schlafen. Ich weiß nicht, woran das liegt. Ich mag es doch, mich mit anderen Menschen auszutauschen. Warum schwirrt mein Kopf so?

Die vielen Eindrücke nach dem Treffen hinterlassen gute und schlechte Gefühle in mir. Einerseits höre ich gern die Geschichten anderer. Andererseits fühle ich mich nicht wie ich selbst. Ich habe das Gefühl, dass ich Abstand von den Leuten brauche, dass ich mehr Distanz aufbauen muss, dass ich mehr Zeit und Raum für mich brauche. Ich versinke sehr schnell in den Welten anderer Menschen, in ihren Ansichten, ihren Zielen, ihren Träumen.

Das liest sich jetzt vielleicht merkwürdig. Und ich verstehe es selbst nicht so ganz. Aber ich will mich zurückziehen. Beim zweiten Treffen bin ich nur kurz, ich unterhalte mich kaum mit anderen, nippe bloß an meinem alkoholfreien Cocktail. (Vielleicht war es auch das Bier des Vorabends, das mir zu Kopf gestiegen ist, wer weiß?)

Auf dem Schiff verstecke ich mich die meiste Zeit. Wir sind etwa zwölf Tage auf See – und die meiste Zeit schreibe ich in meiner Kabine. Ich habe mir das Ziel gesetzt, vierzehn Interviews mit Berufungsexperten zu Kapiteln zu verarbeiten. Schon in Cartagena habe ich zwei Kapitel fertiggestellt, der Rest sollte kein Problem sein.

Und so ist es: Ich schreibe jeden Tag. Ich wache auf, setze mich an meinen Laptop und schreibe etwa eine Stunde. Dann gehe ich frühstücken und schreibe in meiner Kabine an meinem Buch. Ich besuche den ein oder anderen Workshop der „Nomad Cruise", gehe zum Mittagessen und später ins Fitnessstudio. Dann dusche ich, schaue einen Film und gehe zum Abendessen. Danach sehe ich mir eine Show an – die Sänger und Tänzer, die das Programm an Bord gestalten, sind großartig.

Die Tage an Bord laufen für mich sehr ähnlich ab. Ich schaffe es, kein einziges Mal im Pool zu schwimmen. Ich schließe keine Freundschaft mit einem anderen digitalen Nomaden. Ich lerne zwar den ein oder anderen kennen, doch irgendwie fühle ich mich unter den Einzelunternehmern wie ein Fremdkörper. Wo ist die Leichtigkeit hin? Ich weiß es nicht.

Selbst im Fitnessstudio will ich für mich sein, höre beim Trainieren Musik. Und das „Nomad Cruise"-Armbändchen, das jeder vor der Abfahrt als Erkennungszeichen bekommen hat, schneide ich durch und schmeiße es in den Müll. Ich habe das Gefühl, nicht dazuzugehören. Und ich will auch nicht weiter so tun, als gehörte ich dazu. Als ein paar Tage, bevor wir Lissabon erreichen, ein Gruppenfoto gemacht wird, gehe ich nicht hin.

Ich unterhalte mich mit Klaus, einem Programmierer aus Bayern. Er ist noch angestellt und wollte schauen, ob eine Selbstständigkeit und ein Leben auf Reisen etwas für ihn wären. Nach knapp zwei Wochen ist er skeptisch und zynisch:

„Wenn ich in Deutschland bin, werde ich auch kleine Plastikarmbändchen für zwei Cent in China kaufen und sie für fünfundzwanzig Euro bei Amazon verkaufen", sagt er.

Ich verstehe, was er meint. Auch ich habe bei dem einen oder anderen Geschäftsmodell nicht das Gefühl, dass es nachhaltig ist. Das muss natürlich nicht das Ziel eines jeden Unternehmers sein. Aber auch ich sehe es kritisch, wenn Reisebloggerinnen auf ihren Seiten eigentlich unnütze Dinge wie Reisepasshüllen verkaufen und sich fast jeden Abend auf dem Schiff volllaufen lassen.

Bin ich zu alt für diesen Scheiß?

So einen Spaß mit Alkohol und belanglosen Gesprächen hatte ich in meinen Zwanzigern. Ich will meine Tage nicht mit einem gepflegten Kater vergeuden. Auch zwischen Sonderlingen bin ich ein Sonderling.

An einigen Tagen fühle ich mich sehr müde; ich schlafe – wohl wegen mehrerer Zeitumstellungen – schlecht, habe eigenartige Träume. An einigen Tagen nervt mich alles und ich kann sie nicht genießen, diese Kreuzfahrt, von der ich viele Jahre geträumt habe. An einigen Tagen will ich bloß runter von diesem Schiff und wieder nach Hause; ich habe genug von meinem durch Essenszeiten getakteten Tagesablauf. An einigen Tagen habe ich einfach genug von allem. Mich nerven meine Mitreisenden, die nur zum Feiern auf dem Schiff sind.

Ich vermisse bei so einigen den Sinn in dem, was sie tun und womit sie Geld verdienen. Ich habe nicht das Gefühl, dass sie sich um Probleme anderer Menschen kümmern, sondern dass sie nur ihren eigenen Spaß und ihr Portemonnaie sehen. Aber vielleicht sehe ich bloß schwarz.

Es fällt mir schwer einzusehen, dass jeder auf diesem Schiff ein Mensch mit einer eigenen Vergangenheit und eigenen Werten ist. Dass jeder sein Leben so gestalten kann, wie er will, ob ich nun einen Sinn darin erkenne oder nicht.

Ich schotte mich komplett ab.

An einigen Tagen macht mich das traurig. Ich meine: Ich wusste, was mich auf dem Schiff erwartet. All inclusive. Aber dass sich meine Sichtweise ändert, dass ich derart negativ über digitale Nomaden denken würde, obwohl ich vorher so einige von ihnen für meinen Blog interviewt habe, hätte ich nicht gedacht.

Okay, ich tue vielen unrecht. Da ist zum Beispiel Stella, eine Holländerin, die ein soziales Projekt in Uganda aufgezogen hat. Sie verschafft Frauen – Kriegsopfern – nicht nur Arbeit, sondern eine Perspektive. Und dann habe ich Marcela und Alex kennengelernt, eine Kolumbianerin und einen Deutschen, die die Welt als Klassenzimmer verstehen und Reisen anbieten, bei denen man wirklich etwas lernt – über andere Kulturen, die lokale Wirtschaft, die Menschen vor Ort. Es ist natürlich nicht alles schwarz oder weiß.

Vielleicht nervt es mich, dass ich auf diesem Schiff gefangen bin. Dass ich mich auch nach vielen Jahren seit der Schulzeit als Außenseiter fühle. Manchmal macht mir das nichts aus, manchmal schon.

Und so vergeht die Zeit auf See und ich bin wahnsinnig froh, als wir in Lissabon ankommen. Ich habe wie geplant vierzehn Kapitel geschrieben und will von den digitalen Nomaden erst mal nichts wissen. Ich gehe zu keinem weiteren Treffen, sondern erkunde die Stadt für mich allein.

Ich bin dankbar für mein wunderschönes Hotelzimmer mit den schweren, dunklen, antiken Möbelstücken. Ich fühle mich wieder frei, kann machen, was ich will. Ich muss nicht wieder und wieder erzählen, woher ich komme und was ich mache.

Mit Antonio, dem die Pension gehört, in der ich bleibe, spreche ich über Literatur und die Geschichte Lissabons. Er empfiehlt mir Sehenswürdigkeiten, die ich unbedingt besichtigen soll, und erzählt vom Fest des Heiligen Antonius, das kurz vor meiner Abreise stattfindet und auf das sich alle Stadtbezirke Monate im Voraus vorbereiten.

Wäre die Schiffsreise anders verlaufen, wenn ich mich anders verhalten hätte? Was hätte ich anders machen können?

Ich weiß es nicht. Ich will nicht in der Opferrolle bleiben, das tut mir nicht gut. Ich will mich wieder gut fühlen, doch das ist nicht immer einfach mit meinem Kopf. Und all dem Zeug darin.

Allein in Lissabon komme ich wieder bei mir selbst an, zumindest teilweise. Ich laufe die engen Gassen zum Castelo de São Jorge hoch, einer alten Festungsanlage mit Burgruine. Dort oben, auf diesem Hügel, habe ich einen der schönsten Momente meiner Reise: Ich setze mich in den Schatten auf eine steinerne Bank. Es ist kurz nach elf Uhr, die Junihitze ist noch nicht erdrückend. Die Stimmen der anderen Touristen blende ich aus und genieße einfach nur diesen Augenblick. Ich bin vollkommen bei mir und hänge einfach nur meinen Gedanken nach, denke an Bücher, die ich noch schreiben will. Ich habe für kurze Zeit das Gefühl, angekommen zu sein.

Es ist etwas Wahres dran, dass man sich auf Reisen, weit weg von Zuhause, besser kennenlernt. Dieser Trip hat mir gezeigt, dass ich nicht nomadisch leben und arbeiten will, wie es viele Menschen tun, die ich vor einigen Monaten noch bewundert habe.

Ich brauche ein Zuhause, ich brauche meine Dusche und mein Bett. Ich brauche dieses Gefühl von Zuhause. Ja, vielleicht werde ich irgendwann in einem anderen Land leben, wo ich das alles auch habe. Aber im Moment ist es mir wichtig, meine Familie zu sehen – und zwar häufiger als ein- oder zweimal im Jahr.

Ich freue mich, als ich wieder in Düsseldorf lande.

Doch ein wenig verfolgt mich das Gefühl, nirgendwo hineinzupassen. Ich weiß, ich entscheide mich für meine Gedanken. Und ich kann mich jeden Tag für positive Gedanken entscheiden. Doch das tue ich nicht immer; ich grüble sehr viel in den Tagen nach der Reise.

Nur noch ein paar Tage, dann fahre ich zum vierten Glückfindertag. Bin ich ein Glückfinder? Weiß ich, wie es geht? Mitnichten. Ich habe zwar einen ungefähren Plan, aber ich vergesse immer wieder, was es heißt, glücklich zu sein.

Lektion 11: Es braucht nicht viel, um glücklich zu sein

Knapp vier Stunden Fahrt liegen zwischen Düsseldorf und dem Ort Künzel bei Fulda. Am Tag vor dem vierten Glückfindertag komme ich im Tagungshotel an, das direkt am Veranstaltungssaal liegt. Die Idylle, die mich empfängt, habe ich nicht erwartet. Die untergehende Sonne, die Kühe auf der Weide, die zirpenden Grillen. Ein Traum. Nachdem ich mein Zimmer bezogen habe, das einen herrlichen Ausblick ins Grüne hat, setze ich mich mit einem Buch und einem Saft auf einen Holzsessel nahe der Weide, lese, schaue hin und wieder in die Ferne. Manchmal bin ich mit den einfachsten Dingen zufrieden – Ruhe, Natur, ein Buch auf dem Schoß. Es braucht nicht viel, um glücklich zu sein.

Die Unruhe, die ich nach der Kreuzfahrt hatte, hat sich inzwischen gelegt.

Ich bin entspannt, mache mich am Morgen des Glückfindertages zurecht, packe meinen Rucksack und verlasse mein Zimmer. Auf dem Flur fällt mir ein Holzstuhl auf. In die Lehne ist ein Spruch eingeschnitzt: „Die innere Welt ist mehr mein als die äußere."

Der Dichter Novalis hatte den Bogen raus. Schon lustig, dass ich irgendwo in Hessen das lese, was mich seit einigen Wochen bewegt und was Andreas, der Glückfinder, nicht müde wird zu wiederholen: Das Glück ist nur in uns selbst zu finden, nicht im Außen.

Ich schieße ein Foto von dem Holzstuhl und schicke es einer Freundin, die sich auch viel mit Themen wie Glück, berufliche Erfüllung und Persönlichkeitsentwicklung beschäftigt. Ich lächle. Das wird ein großartiger Tag!

Im Veranstaltungsraum erkenne ich ein paar bekannte Gesichter. Walter und Karin sind wieder da, natürlich Andreas mit seiner Frau Bettina. Ich gehe auf andere Menschen zu, lächle, suche Kontakt. Ich will nicht flüchten oder mich verstecken. Ich suche das Gespräch.

Heute geht es um Dankbarkeit und Liebe. Und ich muss sagen, dass ich mich mit einem der beiden Themen zu wenig beschäftige. Vielleicht weil es für mich selbstverständlich ist? Ich weiß es nicht.

Dankbar bin ich für sehr vieles; ich schreibe immer mal wieder auf, wofür ich dankbar bin, sage es mir im Geiste, wenn ich Auto fahre oder morgens nach dem Aufwachen. Im Portemonnaie habe ich sogar einen Dankbarkeitsstein – einen ganz flachen Stein, der aussieht wie ein Dreieck und den ich vor einigen Wochen am Rheinufer aufgelesen habe. Manchmal nehme ich ihn in die Hand und erinnere mich an alles, wofür ich dankbar bin. Das richtet den Blick sofort auf alles Gute in meinem Leben. Und das ist sehr viel: meine Eltern zum Beispiel, mein Bruder, mein Freund. Wo wir auch beim zweiten Thema wären. Der Liebe.

Sie kann, glaube ich, ganz unterschiedlich aussehen. Die Liebe für meinen Bruder ist eine andere als die Liebe für das, was ich beruflich tue. Ich sage manchmal, dass ich Obst liebe oder Bücher. Viel zu selten sage ich „Ich liebe dich" zu mir selbst oder meinem Freund. Da liegt noch viel Arbeit vor mir.

Mit der Liebe ist es wie mit dem Glück. Meist überfrachten wie sie mit Erwartungen und lassen sie zu etwas Unerreichbarem werden. Die Liebe zu sich selbst ist, wenn es nach Andreas geht, ganz einfach:

„Nimm dich so an, wie du bist."

Okay, gute Idee. Aber wie geht das?

„Wir sollten ein großes Herz für uns selbst haben, freundlich zu uns selbst sein und zu anderen. Die perfekte Liebe oder das perfekte Glück ist eine Illusion", fügt er hinzu.

Viele Jahre habe ich genau davon geträumt: von der perfekten Liebe, der perfekten Beziehung, einer perfekten Familie. Ich habe mir meine Vorbilder aus Filmen zusammengebastelt, aus romantischen Komödien, die alle ein Happy End haben.

„Pretty Woman", „Er steht einfach nicht auf dich", „Tatsächlich ... Liebe" – gegen das, was die Kerle in Hollywood-Filmen tun, kann ein normaler Mann nur abstinken, oder? Und trotzdem wollte ich genau das: dass mein Märchen wahr wird. Das Leben jedoch hört nicht nach neunzig Minuten auf, Beziehungen gehen weiter, nachdem der Junge das Mädchen erobert hat – oder umgekehrt.

„Liebe hat ganz viel mit Anerkennung zu tun", sagt Andreas. Also damit, sich selbst und den anderen so anzuerkennen und anzunehmen, wie er ist. Ihm immer wieder zu spiegeln, dass er wertvoll ist. Eine große Baustelle bei mir. Eine ganz große.

Ich habe das Gefühl, ich muss noch eine Menge lernen über die Liebe. Die private Liebe, wohlgemerkt, denn wenn es ums Berufliche geht, weiß ich genau, was ich liebend gern tue.

Von der Liebe spricht jetzt Sabrina Loyal. Sie ist glücklich verheiratet, hat zwei Kinder, liebt ihre Arbeit als Ergotherapeutin und ihr Zuhause. Doch das war nicht immer so.

Es gab Zeiten, da wusste Sabrina nicht, was sie mit sich und ihrem Leben anfangen sollte. Sie hat sich dick und hässlich gefühlt, sie hat sich versteckt.

Sabrina ist in einer Kleinstadt aufgewachsen. Mutter – Verkäuferin, Vater – Maurer. Sie wollten, dass ihre Tochter es später besser hat; Sabrina sollte auf jeden Fall studieren gehen. Sie selbst wollte seit der zehnten Klasse Ergotherapeutin werden, mit älteren Menschen arbeiten. Sie wusste genau, was sie erfüllen würde, doch sie fügte sich, folgte dem Wunsch der Eltern und begann ein Lehramtsstudium.

Glücklicherweise erkannte sie recht schnell, dass das einfach nicht das Richtige für sie war, und brach das Studium ab. Sie jobbte hier und da, fing an, nach Freude in ihrem Leben zu suchen.

„Ich habe schon immer gern getanzt und ich mag den Orient", sagt sie. Also meldete sie sich für einen Bauchtanzkurs an. Für Sabrina war das ein Riesenschritt. Mit ihrem kaum vorhandenen Selbstbewusstsein allein zur Bauchtanzstunde zu gehen, war für sie eine große Überwindung. Aber sie entdeckte schnell den Spaß daran und lernte beim Tanzen ihre heute beste Freundin kennen.

Der Bauchtanz half ihr, wieder bei sich selbst anzukommen. Jeden Abend stellte sich Sabrina vor den Spiegel und sagte: „Ich sehe toll aus, ich bin eine schöne Frau." Sie übte, sich selbst zu mögen, innerlich wie äußerlich, mit allen Facetten. Und je mehr sie nach außen trat, umso mehr Bestätigung bekam sie von ihrem Umfeld. „Das Publikum liebte meinen Ausdruck beim Bauchtanz und ich liebte ihn auch", sagt sie.

Ihr Leben veränderte sich – nicht auf einen Schlag, sondern in kleinen Schritten. Sabrina begann eine Ausbildung zur Ergotherapeutin, ging später nach Berlin.

„Ich hatte eine schöne Beziehung und eine gute Arbeit. Aber ich war nicht aus tiefstem Herzen dabei, wie ich es heute bin", sagt sie. Sabrina wusste, dass sie eine Familie haben wollte. Ihr damaliger Partner wollte das nicht. Es kam zur Trennung. Sie wusste, sie liebt Thüringen. Also kündigte sie, verließ Berlin und kehrte zurück in ihre Heimat.

Über eine Dating-Seite lernte sie ihren heutigen Mann kennen. „Er war der Erste, den ich angeschrieben habe", sagt Sabrina. Schon beim ersten Treffen wusste sie: „Er wird der Vater meiner Kinder."

Beide waren sich schnell einig – und fackelten nicht lange. Erstes Kind, zweites Kind, dann die Hochzeit. Als Sabrina erfuhr, dass sie mit dem dritten Kind schwanger war, bekam sie gleichzeitig die Bestätigung, dass es nicht lebend auf die Welt kommen würde. Für sie ein Schock. Sie wusste nicht, wohin mit ihren Gefühlen, ihrer Angst, ihrer Trauer. Dennoch musste Sabrina funktionieren und für ihre Familie da sein.

Gespräche mit ihrem Mann und ihrer besten Freundin halfen ihr enorm. Nach und nach akzeptierte sie die Realität und verarbeitete ihre Erfahrungen im Buch „Engelchens Besuch". In dieser Geschichte geht es um drei kleine Engel und ihre Mutter, die für ihr drittes Engelchen in den Himmel steigt, jedoch wieder zurückkehrt, weil sie weiß, dass sie auf der Erde noch gebraucht wird.

Wenn Sabrina ihre Geschichte erzählt und davon, dass sie sich heute angekommen und glücklich fühlt, ist da so viel Liebe.

In der Pause denke ich über die Liebe nach. Ich habe das Gefühl, dass ich mich immer nach Liebe gesehnt und viel von ihr erwartet, aber kaum etwas FÜR sie getan habe.

Beim Mittagessen unterhalte ich mich mit Walter und Karin, die bis auf den Glückfindertag in Krailing – da mussten sie zu einer Hochzeit, sonst wären sie auch gekommen – bisher immer dabei waren. Treue Zuhörer wie ich. Sie seien sich gegenseitig das Glück, sagen sie mir bei Salat und Knödeln. Und während sie spricht – über ihre Kinder, ihren Job und darüber, dass sie und ihr

Mann bei den Glückfindertagen einfach die Geschichten anderer Menschen genießen –, schaut er sie mit solch einem innigen Blick an, das ich fast losheulen möchte. Da ist so eine tiefe Verbundenheit, so viel Wohlwollen, so eine Zuneigung.

Wenn ich Walter und Karin ansehe, glaube ich, dass auch ich solch eine Beziehung haben kann, wenn ich es will. So wie ich mich nur immer wieder daran erinnern muss, dass ich im Grunde meines Wesens glücklich bin, muss ich mir auch immer wieder vor Augen führen, dass ich liebe und geliebt werde.

Liebe ist überall. Sie ist in der Umarmung einer Tochter und einer Mutter, sie ist im Kuss zweier Liebenden, die den Sonnenuntergang am Rhein betrachten, sie ist im Blick zweier Freundinnen, die über eine gemeinsame Erinnerung lachen.

Liebe kann so vieles sein. Wenn ich andere Menschen trotz oder gerade wegen ihrer Macken schätze, richte ich den Blick auf all das Gute, das in der jeweiligen Beziehung schon da ist. Doch auch das ist theoretisches Wissen. In der Praxis führen bei mir und meinem Freund herumliegende Klamotten oder andere Dinge im

Haushalt zu Reibereien. Ich weiß, dass es nicht um die Sache an sich geht. Der wirkliche Grund für Streit ist oft fehlende Anerkennung, die der eine oder die andere nicht artikulieren kann. Fehlendes Verständnis. Fehlende Dankbarkeit.

Jeder von uns ist so sehr mit sich selbst beschäftigt, dass er vergisst danach zu fragen, wie es dem anderen geht. Ihm wirklich zuzuhören. Auf Signale zu achten.

Meistens entstehen Schwierigkeiten, weil wir selbst uns mies fühlen und unseren Frust auf dem Partner abladen. Ich weiß, dass ich zuerst bei mir selbst schauen sollte, wenn ich mich über meinen Partner ärgere. Klar, mir muss nicht alles gefallen, was er tut oder sagt. Aber wie ich damit umgehe, ist eine ganz andere Kiste. Und das tue ich bei Weitem nicht immer vorbildlich.

Ich kommuniziere nicht immer so, wie es für uns beide am besten wäre. Ich lasse ihm nicht immer den Freiraum, den er braucht. Ich distanziere mich von ihm, wenn ich doch eigentlich Nähe will.

An guten Tagen geht es schon. Da bin ich gelassen, entspannt.

An schlechten Tagen würde ich am liebsten flüchten.

Wie finde ich die Balance? Und warum zum Teufel fällt es mir so schwer, konstant glücklich zu sein?

Lektion 12: Glück hat mit Geduld zu tun

Wenn ich zurückdenke, habe ich immer nach mehr gestrebt. Früher wollte ich mehr haben, mehr sein, mehr erreichen. Was ich hatte oder war, war nicht genug. Ich war nie zufrieden oder dankbar. Ja, heute sieht meine Welt anders aus. Aber ich kenne den Zustand sehr gut, sich verstecken zu wollen.

Vielleicht berührt mich die zweite Geschichte des Glückfindertages deshalb so sehr. Jens Brehl ist wie ich Journalist und PR-Texter. Er hat so lange gegen sich selbst gearbeitet, dass er fast Selbstmord begangen hätte.

„Ich war süchtig nach Anerkennung", sagt er. „Was für einen Drogensüchtigen das Heroin ist, waren für mich neue Aufträge." Er arbeitete Tag und Nacht, hatte keine sozialen Kontakte mehr und verließ seine Wohnung kaum noch. Dennoch bewarb er sich für Großaufträge. Er packte noch mehr Arbeit drauf und noch mehr. Auch wenn er krank war, machte er weiter, ging mit Fieber ins Fitnessstudio. Immer auf der Suche nach Erfolg, nach der nächsten Herausforderung.

„Ich dachte, die Party geht ewig so weiter", sagt er. Doch dem war nicht so.

Jens' Körper schwächelte, sein Geist streikte. Er konnte nicht schlafen, morgens kam er kaum aus dem Bett. Er hatte Konzentrationsprobleme, erinnerte sich nicht mehr an den Inhalt von Telefonaten mit Kunden, nachdem er aufgelegt hatte. Einige Texte schrieb er auf Verdacht.

Es ging so weit, dass er eines Tages am Rechner saß und keinen einzigen Buchstaben schreiben konnte. Er war ausgebrannt. Fertig.

Immer häufiger stellte sich Jens seinen Tod vor, verglich die Höhe der Häuser in Fulda, wo er wohnt, und sprang in Gedanken von diesen herunter. An einem Tag schloss er mit seinem Leben ab. Er ging bei Grün über eine Fußgängerampel und sah im Augenwinkel ein Auto heranrasen.

„Perfekt", dachte er, „dann sieht es auch noch wie ein Unfall aus."

Er passte seine Geschwindigkeit an, um überfahren zu werden. Er wollte nicht mehr leben. Doch das Auto verfehlte ihn nur um wenige Zentimeter.

Nach diesem Erlebnis begab sich Jens in stationäre Therapie. Die Diagnose: schwere Depression und Arbeitssucht. Es dauerte mehrere Jahre, bis er wieder auf die Beine kam. Bis er sich fragte: Wer bin ich? Und was will ich?

„Ich musste Geduld lernen, dass ich keine Arbeitsmaschine bin – und nicht perfekt", sagt Jens. Seit Kindertagen hatte er den Anspruch, etwas Besonderes zu leisten, etwas Großes zu erreichen. Und hat sich mit diesem Ehrgeiz in eine Sackgasse hineinmanövriert.

Heute arbeitet Jens anders. Er hat zwar immer noch sein Medienbüro, aber er sucht besser aus, welche Aufträge er annehmen will und welche nicht. In seiner Genesungsphase hat er drei Fragen entwickelt, die ihm dabei helfen:

Bringt es mich näher an mein wahres Ich?

Haben meine Mitmenschen etwas davon?

Wie sieht es mit dem Geld aus?

Wenn die Antwort auf die ersten beiden Fragen nein lautet, lehnt Jens Aufträge ab. Geld ist für ihn keine Motivation mehr. Er arbeitet nach seinen Regeln, in seiner Geschwindigkeit, er bloggt, schreibt Bücher. Er macht mehr davon, was ihm Spaß macht und was sein Leben bereichert.

Seine Geschichte kommt mir so bekannt vor. Und wie viele ähnliche Geschichten gibt es in Deutschland und auf der ganzen Welt? Wie oft ignorieren wir unser wahres Ich, wollen immer nur mehr, mehr, mehr?

Ich spreche mich davon nicht frei. Auch wenn ich heute weiter bin als noch vor einem halben Jahr, habe ich immer noch mit den Schatten meiner Vergangenheit zu kämpfen. Die Scheißtage sind nicht verschwunden, aber sie zeigen mir im Nachhinein, wie ich leben will und dass ich mich in Geduld üben muss, wenn ich glücklich sein will.

Ich frage mich, warum es mir so schwerfällt, glücklich zu sein. Warum ich mir selbst im Weg stehe.

Liegt es daran, dass ich mich selbst nicht akzeptiere, wie ich bin? Gibt es irgendwelche Überzeugungen in mir, die mich hindern? Habe ich Angst vor dem Glücklichsein?

Glück kann man lernen. Und nun gehe ich schon seit über einem halben Jahr in die Glücksschule – und habe manchmal dennoch den Eindruck, dass ich die Prüfungen nicht schaffe. Die Prüfungen des Lebens.

In einem Artikel lese ich, dass man nach Glücksmomenten in seinen gegenwärtigen Lebensumständen suchen muss. Dass man Ausschau halten soll nach Dingen, die schon jetzt toll sind.

Okay. Was ist in meinem Leben jetzt schon super? Es fällt mir gerade schwer, das ohne negative Einfärbung zu sagen.

Ich habe mich in die Selbstständigkeit gewagt und schreibe mein erstes Buch. Das ist toll. Aber ich lebe auch in einer finanziellen Unsicherheit; meine Ersparnisse werden nicht mehr lange reichen.

Ich habe einen Freund, der mich bei allem, was ich tue, unterstützt. Aber auch wir haben unsere „Baustellen". Wenn es mir schlecht geht, denke ich darüber nach, ihn zu verlassen. Mein Kopf findet dann so viele

Argumente gegen die Beziehung und kämpft gegen mein Herz.

Ich gehe zu Glückfindertagen und lese viel über Glück, besuche motivierende und inspirierende Vorträge von Transformationstherapeuten wie Robert Betz oder Kommunikationsprofis wie René Borbonus. Doch den Input, den ich bekomme, wende ich nicht an. Ich vergesse zu schnell, was diese Leute sagen.

Und ja, in diesem Jahr bin ich gereist und habe viele interessante Orte gesehen und tolle Menschen kennengelernt. Doch auch diese Erinnerungen verpuffen so schnell. Kaum wieder zu Hause, bin ich im alten Trott. Und meine finanzielle Situation wird es mir schon bald nicht mehr ermöglichen zu reisen so viel ich will.

Richte ich mein Augenmerk gerade auf das Negative? Sollte ich positiver denken?

Ich halte mich für keinen pessimistischen Menschen. Ich denke, ich bin Realistin.

Seit einigen Monaten beschäftige ich mich mit beruflicher Erfüllung. Und oft heißt es, dass man bloß seine Berufung finden muss – und dann kommt der Erfolg fast von allein. (Gut, man muss schon ein bisschen tun, um erfolgreich zu sein.)

Doch: Wenn das Schreiben von Büchern meine Berufung ist, kommt der Erfolg dann gleich? Denn viel Zeit bleibt mir nicht. Beim Schreiben kann ich das sehr gut ausblenden. Doch irgendwie ist dieses verdammte Geldthema ständig präsent.

Lektion 13: Sich besser zu verstehen, ist der Schlüssel zu einem glücklichen Leben

Vor ein paar Wochen habe ich angefangen, jeden Tag dankbar zu sein. Sobald ich die Augen aufschlage, bedanke ich mich für den großartigen Tag, der mir bevorsteht. Ich gehe im Kopf durch, was ich tun werde, welche Aufgaben ich habe, worauf ich mich freue.

Im Grunde weiß ich, wie ich einen Zustand der Ruhe und Gelassenheit herbeiführen kann. Ich vergesse das nur hin und wieder.

Wenn die negativen Stimmen in meinem Kopf laut werden, lähmt mich das immer noch. Wenn ich unruhig und ängstlich werde. Ich wäre gern freier in meinem Denken und unabhängiger von der Meinung anderer Menschen. Aber bis es soweit ist, wird es wohl noch ein Weilchen dauern.

Vor einigen Wochen habe ich eine Ausbildung im Neurolinguistischen Programmieren angefangen. In den kommenden neun Monaten lerne ich mit fünfzehn weiteren Männern und Frauen Übungen und Techniken kennen, mit denen man Ziele definiert und umsetzt, mit denen man sich an seine Stärken und tollen Momente erinnert.

Eine Übung, die ich richtig gut finde, ist „Moment of Excellence". Sie hilft dabei, einen schnellen inneren Zugang zu seinen Ressourcen zu finden, in Stress- oder Prüfungssituationen zum Beispiel. Ute, eine unserer Seminarleiterinnen, demonstriert die Übung mit mir.

„Katharina, gibt es eine Situation, in der du mehr Entspannung oder Stärke brauchst?", fragt sie.

„Ja", sage ich. Ich muss nicht lange überlegen. „Ich hätte gern mehr Stärke in Gruppensituationen. Wenn ich mit einem oder zwei Menschen spreche, ist alles gut. Aber bei Feiern oder Veranstaltungen mit vielen Menschen gerate ich schnell in Unruhe und fühle mich unsicher."

Zuletzt war das auf der „Nomad Cruise" der Fall. Ich erinnere mich an einen Abend auf dem Pool-Deck. Alle standen in Grüppchen da, tranken, unterhielten sich. Ich hatte mich die meiste Zeit versteckt, doch hin und wieder wollte ich doch Kontakt zu anderen Menschen. Und bei dieser Party habe ich mich total verloren gefühlt. Ich war verkrampft, wusste nicht, wie ich Gespräche anfangen oder am Laufen halten sollte. Nach nicht mal einer Stunde bin ich wieder in meine Kabine gegangen.

„Hm." Ute nickt und lächelt. „Dann prüfe doch mal, ob du dich an drei Situationen in deinem Leben erinnerst, in denen du dich besonders stark gefühlt hast und stolz auf dich selbst warst."

Eine Situation fällt mir sofort ein: „Nachdem ich auf dem Schiff wie geplant vierzehn Kapitel geschrieben hatte, war ich sehr stolz auf mich und glücklich", sage ich.

„Gut", sagt Ute. „Gibt es eine weitere Situation?"

Ich überlege, grabe in meiner Erinnerung, doch erst mal kommt nichts.

„Lass dir Zeit", sagt Ute.

Irgendwann kommt mir eine Situation aus meiner Zeit als Redakteurin in den Sinn, ein Tag, an dem ich alles im Griff hatte. „Okay, ich habe noch etwas", sage ich.

„Klasse. Und nun noch eine dritte Situation."

Wieder muss ich lange überlegen – und mir kommt das Bild in den Sinn, wie ich von der Düsseldorfer Agentur, bei der ich sieben Monate gearbeitet habe, eine Jobzusage bekommen habe. Ich habe mich damals so sehr gefreut, weil ich endlich, endlich in eine Großstadt ziehen und ein neues Kapitel aufschlagen würde. Ich bin damals durch die Wohnung gehüpft und konnte mein Glück kaum fassen.

„Hab ich", sage ich.

„Gut. Dann wähle von den drei Situationen diejenige aus, die dir am besten gefällt und in der du dich am stärksten gefühlt hast", sagt Ute.

Ich wähle die erste Erinnerung. Sie ist mir noch sehr präsent. Ute bittet mich dann, eine Stelle an meinem Körper festzulegen, an der ich den „Moment of Excellence" verankern möchte. „Das kann eine Hand-bewegung sein oder eine Stelle, die du berührst. Es geht darum, dass du den Anker in Situationen, in denen du die Ressource Stärke brauchst, aktivieren kannst."

Okay, hüpfen auf einem Bein wäre also nicht angebracht. Ich entscheide mich dafür, meinen Oberkörper aufzurichten, Schultern nach hinten, Brust raus, Kopf gerade – als wäre ich ein Vogel, der seine Flügel ausbreitet.

„Sehr gut", sagt Ute. „Und jetzt gehe gedanklich noch einmal in die Situation auf dem Schiff hinein, als du dich stark gefühlt hast, als du stolz auf dich warst."

Ich schließe die Augen, erinnere mich an den Moment, als ich erfüllt von Freude, Stolz und Zuversicht war.

„Was siehst du?", fragt Ute. Und ich denke daran, wie ich meine Kabine verlassen habe und an ein Deck gegangen bin, auf dem einige andere aus meiner Gruppe gesessen und gearbeitet haben. Ich weiß noch genau, dass ich meinen grünen Kapuzenpulli getragen habe.

„Was hörst du?", fragt Ute nach einigen Sekunden. Ich erinnere mich an die Stimmen an Deck, an die Gespräche.

„Was fühlst du?", fragt Ute, und ich werde geflutet von dem wunderbaren Gefühl, das ich in jener Situation hatte. Da war so viel Wärme, so viel Schönes. Ich war so stolz auf mich wie selten zuvor. Ich lächle.

Ute lässt mir genug Zeit, um mich ganz in die Situation auf dem Schiff einzufühlen. Dann, als ich das Gefühl habe, dass ich vor Glück fast platze, bittet sie mich, den Anker zu setzen. Ich richte mich auf, ziehe die Schultern nach hinten, atme ein, sodass sich meine Brust hebt und mein Kopf. Ich fühle mich gerade stark wie zehn Ochsen.

„Komm nun zu uns zurück", sagt Ute nach einigen Sekunden. Ich öffne die Augen und fühle mich komplett anders als noch vor der Übung. Ich lächle immer noch.

„Welche Farbe haben meine Schuhe?", fragt Ute.

„Ähm", ich schaue an ihr herunter. „Schwarz."

Das ist der sogenannte Separator. Es ist dazu da, um einen Denkprozess oder Gefühlszustand zu unterbrechen, um Zustände voneinander zu trennen oder damit der Klient wieder in der Realität ankommt.

Hier bin ich nun, schaue in die Runde. Die anderen angehenden NLP-Practitioner lächeln. Ich weiß aus anderen Übungen, dass man an der Mimik gut ablesen kann, wie sich diejenigen fühlen, die sich an starke Momente erinnern oder an große Ziele denken.

„Und jetzt stell dir noch einmal die Situation vor, in der du diese Ressource, diese Stärke gut gebrauchen könntest, und löse den Anker aus", sagt Ute.

Das tue ich. Ich gehe in Gedanken noch mal auf die Party auf dem Pool-Deck, richte mich auf, als wäre ich ein Vogel, der seine Flügel ausbreitet, – und es fühlt sich ganz anders an. Ich fühle mich nicht klein und verloren, sondern stark, groß. Wie ich selbst.

Ich bin immer wieder erstaunt, wie schnell man mithilfe bestimmter Übungen einen Zugang zu sich selbst und seinen positiven Ressourcen finden kann.

Die NLP-Ausbildung habe ich angefangen, weil ich die vage Idee hatte, selbst irgendwann ein Coach zu sein. Das hatte ich im Coaching mit Heide erarbeitet. Ansonsten habe ich nicht viel von dem umgesetzt, worüber wir gesprochen haben. Ich weiß im Moment auch nicht, ob ich andere Menschen coachen werde; vielleicht reicht es auch, NLP nur für mich selbst anzuwenden.

An immer mehr Tagen fühle ich mich gut. An immer mehr Tagen schreibe ich, treffe mich mit Freunden, die in einiger Hinsicht wie ich ticken. Die positiv eingestellt sind und sich von der Vorstellung befreit haben, sie müssten bis zur Rente arbeiten und könnten erst dann ihr Leben genießen.

Vielleicht war dies das Gute, das ich durch meine Beschäftigung mit Arbeitsmodellen digitaler Nomaden verinnerlicht habe. Dass ich so ein Leben nicht will, das aus Arbeit besteht, die mir nichts bedeutet, und ein paar Stunden Freizeit, in denen ich keine Motivation habe, um etwas zu tun, das mir wirklich wichtig ist und Freude bereitet.

Manchmal wäre ich gern schon so viel weiter. Manchmal vergleiche ich mich mit anderen Menschen, mit einer Freundin zum Beispiel, die mein leuchtendes Vorbild ist, wenn es darum geht, das Ego abzulegen. Das Ego, das sagt: „Du bist, was du hast. Du bist, was du denkst. Du bist, was andere von dir denken. Du bist, wie du aussiehst."

Ich weiß, dass es nichts bringt, sich mit anderen zu vergleichen. Dass mich das im Gegenteil nur runterzieht. Aber die Tatsache, dass ich etwas weiß, heißt noch lange nicht, dass ich mich auch entsprechend verhalte. Nun, das hatten wir ja schon ...

Ich brauche immer eine Weile, um wieder zu mir selbst zu finden und dazu, was ICH eigentlich will. Nur wenn ich MEINER inneren Stimme folge, werde ich glücklich sein. Ausgeglichen. Zufrieden. Ich mag diese Tage, an denen ich mich genauso fühle. Dann habe ich keine Komplexe, keine Minderwertigkeitsgefühle, keine Versagensängste, keine Sorgen vor der Zukunft.

Ich weiß mehr oder weniger, wie ich diesen Zustand erreiche: Ich muss mir Zeit für mich selbst nehmen, spazieren gehen oder einfach nur auf dem Sofa liegen und eine Weile absolut gar nichts tun. Mich einfach mal nicht ablenken, sondern einfach nur sein. Still sein, Stille aushalten, Stille genießen. Gedanken kommen und wieder gehen lassen.

Auf diese Weise gelange ich wieder zurück in diese Art Schwebezustand, in dem alles gut, alles möglich ist.

Sich besser verstehen – das ist der Schlüssel zu einem glücklichen Leben. Auf sich selbst achten. Auf sich selbst hören. Und immer weniger Dinge tun, bei denen man ein schlechtes Gefühl hat. Die eigenen Gefühle sind der beste Kompass.

Trotz meines Wissens und der Übungen, die ich an die Hand bekomme, rutsche ich aber immer wieder zurück. Und dann weiß ich nicht einmal genau, was mich unter Druck setzt. Dann helfen mir auch Gespräche mit positiven Menschen nicht mehr.

Für einen Zeitungsartikel spreche ich mit Birgit Fritz, die nach einem beruflichen Zickzackkurs ihre Berufung und ihr Glück als Erzählerin gefunden hat. Sie erzählt Geschichten und hält ihren Job für den schönsten der Welt. Seit sie denken kann, hat Birgit Geschichten erzählt, in ihrem Kopf Fantasiewelten erschaffen.

„Ich wusste schon mit vier oder fünf Jahren, dass ich Märchenerzählerin werden will", sagt sie. Doch als die Berufswahl näher rückte, hörte sie auf ihren Vater. Er riet ihr, etwas „Anständiges" zu lernen, das auch genug Geld einbringt. Birgit machte eine Ausbildung zur hauswirtschaftlich-technischen Assistentin und stellte fest, dass sie eine Hautschwäche hat, aufgrund derer sie nicht in ihrem Beruf arbeiten kann.

Sie orientierte sich neu, arbeitete in einem Geschäft für Kinderkleidung und Spielzeug, bis ihre Stelle wegrationalisiert wurde. Wieder ein Neuanfang – diesmal als Erzieherin. Im Kindergarten fühlte sich Birgit wohl, vor allem wenn sie den Mädchen und Jungen vor dem Mittagsschlaf Geschichten erzählen durfte. „Und dann hatte ich zwei Betriebsunfälle", sagt Birgit. Diese zwangen sie zum Umdenken.

In ihrer Zeit als Erzieherin hatte sie eine Fortbildung zur Märchenerzählerin gemacht und setzte nun alles auf eine Karte: Sie machte sich selbstständig als Erzählerin. Bedenken, dass das Ganze nicht funktionieren würde und sie scheitern könnte, hatte sie nie.

„Das war der nächste Schritt, den ich gehen wollte und gehen musste", sagt Birgit. Sie folgte ihrem Herzen – das erkannte auch ihr Vater nach anfänglichen Zweifeln.

Birgit ist glücklich, weil sie jeden Tag tut, was sie liebt. Jeden Tag lebt sie ihre Berufung, jeden Tag freut sie sich, weil sie andere Menschen, junge und ältere, in Fantasiewelten entführen kann.

Ich spüre die Liebe für das, was Birgit tut, wenn sie davon berichtet. Sie hat dabei solch eine starke Ausstrahlung, sie lebt die Geschichten, die sie erzählt. Es ist großartig, Menschen zu treffen, die ihre Leidenschaft leben, die glücklich sind – und erfolgreich mit dem, was sie am liebsten tun.

Oft beflügeln mich Treffen mit solch positiven Menschen. Manchmal frage ich mich jedoch, was das Ganze mit mir zu tun hat und vergleiche mich mit anderen. Das führt erfahrungsgemäß zu nichts Gutem. Nur zu schlechter Laune und Ängsten. Und ehe ich mich versehe, bin ich in einem Kreislauf aus negativen Gedanken und Gefühlen und komme da kaum raus, weil ich nicht in der Lage bin, etwas zu tun, das mir guttut.

Ich erinnere mich an die Aufgabenliste, die ich mit Heide erstellt habe, und daran, dass ich davon kaum etwas gemacht habe. Ich hinterfrage plötzlich das gesamte Coaching, weil ich denke, dass es Quatsch ist, selbst Coach sein zu wollen mit dem Wirrwarr in meinem Kopf. Ich habe zwar weiter Blogtexte und Buchkapitel geschrieben, aber ich habe nichts getan, um mich als Rednerin zu etablieren. Ich fühle mich wie ein Ver-

sager und mache mir Stress, weil ich ja mittel- und langfristig Geld verdienen muss. Doch womit eigentlich?

Ja, ich arbeite selbstständig als PR-Texterin und
Journalistin, aber viele Aufträge habe ich immer noch
nicht. Auch, weil ich mich erfolgreich um die Akquise
gedrückt habe. Es liegt mir einfach nicht, wildfremde
Menschen anzurufen und ihnen meine Qualitäten anzu-
preisen.

Christian aus meiner NLP-Gruppe macht jeden Tag
genau das, wovor ich am meisten Angst habe: Er ist
Vertriebler und spricht mit Menschen, um sie für ein
Produkt, das seine Firma verkauft, zu begeistern. Er
bietet mir an, mir bei der Akquise zu helfen. Und so
sitzen wir zusammen in seiner Wohnung und reden über
meine besonderen Stärken als Texterin.

Er empfiehlt mir, Akquise-Briefe zu verschicken –
Anschreiben mit Arbeitsproben – und erst dann meine
Wunschfirmen anzurufen. Ich bin ihm wahnsinnig
dankbar. Und plötzlich ist es gar nicht so schlimm, wie
ich es mir ausgemalt habe. Ich versende die ersten Brie-
fe, rufe bei den Agenturen an, von denen mich einige in
ihre Freelancer-Karteien aufnehmen.

Ich weiß, dass Akquise wahrscheinlich nie meine Lieblingsbeschäftigung werden wird. Aber ich habe meine Angst überwunden und bin stolz auf mich.

Ständig schwanke ich zwischen Glück und Stolz auf der einen und Hoffnungslosigkeit und Angst auf der anderen Seite. Ich habe meine Balance noch nicht gefunden. Was habe ich noch zu lernen?

Ich meine, die meisten Dinge, vor denen ich Angst habe, treten sowieso nicht ein. So war das zumindest in der Vergangenheit. Dennoch habe ich Angst vor vielen Dingen. Ich bin zu verkopft. Wenn es um Ängste anderer geht, kann ich ihnen sehr gut darlegen, dass sie unnötig sind.

Ein Freund von mir traut sich nicht, Frauen anzusprechen, obwohl er sportlich ist und gut aussieht. Sobald er eine Frau sieht, die er attraktiv findet, blockiert er sich selbst. In seiner Vorstellung hat sie ihm längst eine Abfuhr erteilt. Und wer mit solch einer Einstellung auf einen anderen Menschen zugeht, hat schon verloren.

Die Schwierigkeiten anderer kann ich lösen wie ein Weltmeister. Wenn es aber um mich selbst geht, bin ich oft immer noch blind.

Ich schätze, es gehört eine Portion Selbstliebe dazu, sich nicht ständig verrückt zu machen. Stolz auf sich selbst zu sein. Seine bisherigen Leistungen zu würdigen und sein Spiegelbild zu mögen. Sich nicht wochenlang wegen Misserfolgen und Peinlichkeiten zu geißeln und zu verurteilen, sondern gut mit sich selbst zu sein. Zu lächeln. Weiterzumachen. Ich glaube, ich werde ein Buch über Selbstliebe schreiben ...

Lektion 14: Glück sollte man nicht suchen

Manchmal habe ich das Gefühl, dass ich fliegen und alles erreichen kann, was ich mir vornehme. Wenn ich anderen Menschen von meinem Buch über Berufung erzähle, bin ich so stolz. Es soll in wenigen Wochen erscheinen. Mein erstes Buch! Ich kann das irgendwie immer noch kaum glauben. Seit einem halben Jahr arbeite ich nun daran, verarbeite die Interviews mit den Berufungsexperten, schreibe und bearbeite die Texte. Ich habe sie einigen Testlesern geschickt und sie sind begeistert. Das macht mir Mut und zeigt mir, dass ich auf dem richtigen Weg bin.

Mit Viktoria, einer guten Freundin, fahre ich zum fünften Glückfindertag nach Augsburg. Ich habe sie erst vor wenigen Monaten kennengelernt – bei einem Vortrag von René Borbonus, bei dem es um Geheimnisse guter Kommunikation ging. Um Respekt in der Kommunikation zum Beispiel. Während der neunstündigen Autofahrt in den Südwesten Bayerns unterhalten wir uns sprichwörtlich über Gott und die Welt und merken gar nicht, wie die Zeit verfliegt. Vicky ist so ein positiver Mensch und ich fühle mich mit ihr verbunden, obwohl wir uns noch nicht lange kennen.

Manchmal glaube ich, dass wir jene Menschen in unser Leben ziehen, die uns selbst und unsere Einstellungen zum Leben spiegeln. Auch Vicky beschäftigt sich seit einiger Zeit mit Themen wie Glück und Persönlichkeitsentwicklung. Mit ihr ist es einfach, weil wir in einer ähnlichen Richtung unterwegs sind. Mit ihr kann ich so sein, wie ich wirklich bin.

Auf dem Weg nach Augsburg hören wir ein Hörbuch über radikale Vergebung. Erst wenn wir uns selbst vergeben, können wir wachsen, uns entwickeln, wirklich glücklich sein, heißt es da.

Ich muss sagen, dass ich da noch Arbeit vor mir habe. Immer wieder erinnere ich mich an Situationen, in denen ich etwas Blödes gesagt oder getan habe, an Schlimmes, das mir widerfahren ist. Einige Dinge habe ich mir selbst und anderen nicht vergeben. Da ist zum

Teil immer noch ein gewisser Groll, den ich nicht loslassen kann oder will.

Nach der langen Fahrt habe ich einen merkwürdigen Traum: Ich sitze am Rand eines Schwimmbeckens, überall um mich herum sind Kinder. Eines schubst ein anderes ins Wasser und plötzlich beschuldigen die anderen Kinder mich, den Jungen gestoßen zu haben. Statt mich zu verteidigen, lächle ich einfach und spüre unendliche Liebe. Daraufhin sagt ein anderes Kind, dass ich nichts getan habe, und die Situation löst sich auf.

Ich muss lange über diesen Traum nachdenken. Diese Liebe, die ich so intensiv wahrgenommen habe, spüre ich in letzter Zeit häufiger als früher. Wenn ich spazieren gehe und die Sonne scheint. Wenn ich loslasse und ich selbst bin.

Ich habe verstanden, dass ich nicht besser oder schlechter bin als andere und dass andere nicht besser oder schlechter sind als ich. Wir laufen alle durch die Welt und haben alle unsere Geschichten. Meistens weiß ich das. Manchmal höre ich aber auch die Stimme in mir, die mich selbst und andere bewertet, kritisiert. Vielleicht erwarte ich zu schnell zu viel von mir.

Manchmal wäre ich gern wie der Dalai-Lama. Erleuchtet. Frei von negativen Emotionen – zumindest glaube ich, dass er das ist.

Manchmal wäre ich gern wie die Menschen, die ich interviewe. Erfolgsgeschichten faszinieren mich. Dann versuche ich, mir Dinge anzueignen, die diese Erfolgsmenschen tun. Sehr früh am Morgen aufstehen. Sich Ziele setzen und sie visualisieren. Jeden Morgen als Erstes fünfhundert Wörter schreiben.

Doch die anfängliche Euphorie hält bei mir nicht lange. Eine Woche klappt es, maximal. Dann schleichen sich alte Gewohnheiten ein. An einigen Tagen sitze ich sechs, sieben, acht Stunden oder mehr am Rechner und schreibe. An anderen Tagen will ich lieber auf dem Sofa liegen und ein Buch lesen. Vielleicht heißt Glück auch, sein Leben so zu gestalten, dass es zu einem passt. Vielleicht sind allgemeine Tipps fehl am Platz, weil Glück für jeden etwas anderes ist. Vielleicht sollte ich aufhören, Glück zu suchen, sondern einfach nur ich selbst sein.

Im Saal des Bio-Hotels, in dem der fünfte Glückfindertag stattfindet, sehe ich bekannte Gesichter. Ich umarme Andreas und seine Frau Bettina zur Begrüßung. Mittlerweile sind sie mir sehr ans Herz gewachsen. Dann ist da noch Jörg, der zu jedem Thema der Glückfindertage Acrylbilder malt. Auch Ulf ist wieder dabei; er bedruckt T-Shirts für Andreas. Es ist ein bisschen wie ein Familientreffen.

„Du siehst so glücklich aus", sagt Ulf, nachdem wir uns begrüßt haben.

„Danke", sage ich. „Und weißt du was? Ich fühle mich aus so."

Vicky und ich setzen uns in die erste Reihe. Die erste Geschichte erzählt heute Philipp Elias Fröhlich. Er spricht vom Loslassen – das ist eines der heutigen Themen, Tun ist das andere – und von Vergebung.

Philipp kommt gebürtig aus Leipzig. Zur Schule ist er ungern gegangen. „Ich hatte immer das Gefühl, ich bin dort fehl am Platz", sagt er. Er schaute als Schüler durch die Gegend, träumte vor sich hin. Philipp spielte gern Klavier, hatte seit seinem siebten Lebensjahr Klavierunterricht. Schulfächer interessierten ihn nicht, deswegen war er selten bei der Sache. Philipps Eltern wollten trotzdem, dass er Abitur macht.

„Das habe ich dann durchgezogen", sagt er.

Mit dem Abi in der Tasche fragte er sich, was er nun beruflich machen würde.

Weil er auf diese Frage keine Antwort fand, arbeitete Philipp in verschiedenen Jobs. Er war Pizzafahrer und Promoter, Versicherungsvertreter und Vermögensberater. Doch das alles fühlte sich nicht richtig an.

„Ich wollte etwas Sinnvolles machen und damit Geld verdienen", sagt er.

Doch Philipp war unsicher, weil er keine Ahnung hatte, wie solch eine Tätigkeit aussehen sollte.

Auch in der Liebe hatte er es schwer. Philipp war Dauersingle. Er wusste nicht, was er tun und wer er sein wollte.

Einige Jahre arbeitete er im Veranstaltungsbereich und organisierte Events von Heilern und Schamanen aus dem Ausland. Dazu war er durch seine Erkrankung gekommen: Philipp hat Diabetes Typ 1 und besuchte ein Seminar, bei dem ein Heiler sprach. Vorher hatte er zig Bewerbungen für eine Ausbildung im Veranstaltungsbereich verschickt – ohne Erfolg. Nach dem Seminar bewarb er sich beim Veranstalter und wurde prompt eingestellt.

Einige der spirituellen Meister, die Philipp in den folgenden Jahren kennenlernte, inspirierten ihn. Einige schreckten ihn ab: „Auf der Bühne sagten sie das eine und taten im echten Leben das Gegenteil davon."

Einem Meister hat Philipp mehr als ein halbes Jahr nachgeeifert. Doch irgendwann stellte er fest, dass auch dieser Meister über ihn bestimmen wollte. „Er zeigte auf eine Frau und sagte zu mir, dass ich sie heiraten soll", sagt Philipp.

Dies öffnete ihm die Augen. Er wollte sich nicht mehr kleinmachen und verabschiedete sich von seinem Meister. Er musste loslassen, weil er erkannte, worum es ihm eigentlich ging: „Dass ich bei mir bin und meinen Weg finde zu dem, der ich bin. Dass ich mir selbst zuhöre und nicht anderen, die mir sagen, was für mich richtig ist."

Philipp startete neu und fragte sich, was er tun und wie er leben wollte. Auf ein Blatt Papier schrieb er alle möglichen Jobbezeichnungen auf, die ihm einfielen. Rockstar. Autor. Architekt. „Ich war sechsundzwanzig und hätte das alles noch machen können", sagt er. Doch eine Antwort fand er erstmal nicht. Er warf die Liste weg und ließ noch mehr Dinge los: Er gab seine Wohnung auf, packte sein weniges Hab und Gut in sein Auto und kam bei einer Bekannten unter, die ein Zimmer frei hatte.

„Ich wusste nicht, was auf mich zukommt. Ich wollte mich einfach frei fühlen", sagt er. Nachdem Philipp alles aufgegeben hatte, zeigte sich sein Weg recht schnell. Eine Freundin zeigte ihm eine Annonce, in der jemand sein Piano zum Kauf anbot. Philipp dachte nicht lange nach. Auch wenn er lange nicht mehr Klavier gespielt hatte, fühlte sich das richtig an.

„Also habe ich mir ein Klavier zugelegt", sagt er. Die meiste Zeit war er mit seinem Klavier unterwegs, machte wieder Musik und tat das, was ihm schon als Kind Freude bereitet hatte. Plötzlich wurde er zu Seminaren und anderen Veranstaltungen eingeladen, bei denen er Klavier spielen sollte. Und nach einem Auftritt in einem Hotel lernte er einen Hawaiianer kennen, der ihn zu einer Massage mit dem Namen Ho'oponopono Lomi Lomi einlud.

Das ist eigentlich mehr als eine Massage. Es ist eher traditionelle hawaiianische Heilarbeit. Ho'oponopono bedeutet so viel wie „Vergebung" und steht für die geistige Transformation des Menschen. Bei Lomi Lomi (etwa: reiben, kneten, drücken) geht es um eine körperliche Wandlung.

„Die Hawaiianer gehen anders mit Krankheiten um", sagt Philipp. Sie seien überzeugt, dass ein körperliches oder seelisches Problem einen Ursprung habe und dass Vergebung der Schlüssel sei, um zu heilen. Indem man sich selbst, anderen Menschen und erlebten Situationen verzeiht, stellt man ein Gleichgewicht her.

Diese Massage hat in Philipp etwas in Gang gesetzt. „Ich habe gemerkt, dass ich viele Gefühle wie Wut unterdrückt habe", sagt er. Auf eine merkwürdige Weise habe ihn diese Massagetechnik fasziniert; diesem Gefühl brauchte er nur zu folgen. Schon eine Woche später begann er eine Ausbildung zum Ho'oponopono-Lomi-Lomi-Masseur. Heute unterstützt er andere Menschen dabei, wieder bei sich selbst anzukommen und Auswege aus schwierigen Lebenslagen zu finden – mit Körperarbeit und heilender Musik. Übrigens ist Philipp glücklich verheiratet. Er hat seine Seelenverwandte gefunden, weil er sich selbst gefunden hat.

Das, was er beruflich macht, hätte er damals so nicht auf seinen Zettel mit den Berufsbezeichnungen schreiben können. In seiner damaligen Vorstellung gab es einen solchen Job nicht. Doch heute ergibt für ihn alles einen Sinn.

„Im Grunde hat mich meine eigene Erkrankung meinem Weg nähergebracht", sagt er. Deswegen sei es wichtig, in sich hineinzuspüren und zu schauen, wo es einen hinzieht. Dafür brauche es Zeit und Ruhe. Denn Philipp hatte zwar seine berufliche Erfüllung gefunden. Doch bis es damit richtig gut lief, dauerte es mehrere Jahre.

„Und eigentlich ist ja auch erst die Integration aller Themen, Ängste, Vorstellungen, Erwartungen und die Verbindung mit dem, was ich mir wünsche und was mir entspricht, ein Weg, der mich mehr und mehr zur Erfüllung geführt hat. Sprich: mich annehmen, das Leben und die Umstände darin sehen und natürlich meine Aufgabe und meine Wünsche sehen und mich in all dem darauf ausrichten", sagt er. Das alles sei ein Prozess.

Und ich weiß aus Erfahrung, dass Veränderung nicht sofort passiert. Manchmal habe ich das Gefühl, ich bin schon ein anderer Mensch als noch beim ersten Glückfindertag. Manchmal denke ich, dass ich kaum etwas gelernt habe. Hin und her. Vor und zurück.

Eine Entwicklung dauert, so lange sie dauert. Was Philipp in etwa einer Stunde erzählt, hat bei ihm Jahre in Anspruch genommen. Warum gerate ich also in Hetze, wenn es um mein Glück geht? Warum gönne ich mir selbst nicht genug Zeit?

Schließlich hat Tomas Edison tausend Versuche gebraucht, um eine marktreife Glühbirne zu entwickeln. Er ist damit nicht gescheitert. Er hat an seinem Traum festgehalten und tausend Wege entdeckt, wie man keine Glühbirne baut.

Lektion 15: Leichtigkeit ist wichtig, um glücklich zu sein

In der Mittagspause bleiben die meisten im Bio-Hotel, auch Vicky und ich. Wir unterhalten uns beim Mittagessen über Philipps Geschichte und die zurückliegenden Glückfindertage. In den vergangenen Monaten ist in meinem Leben so viel passiert. Kurz vor diesem fünften Glückfindertag war ich mit meinem Bruder für eine Woche auf Lanzarote. Nach vielen Jahren, in denen ich kaum aus Deutschland rausgekommen bin, bin ich in diesem Jahr meiner Glückssuche sehr viel unterwegs. Ich liebe diese Freiheit! Doch manchmal habe ich das Gefühl, dass ich nicht zur Ruhe komme, weil ständig etwas ansteht. Hier ein Seminar, da ein Glückfindertag, dort eine Reise. Einerseits gefällt mir mein Lebensstil, andererseits will ich auch mal ein paar Wochen am Stück zu Hause sein.

Ja, was will ich denn eigentlich?

Das hat sich irgendwann auch Jörg gefragt, der für die Glückfindertage Bilder malt. Er kommt aus der Verlagsbranche, stand einmal ganz oben auf der Karriereleiter und war Verlagsmanager. Doch irgendetwas fehlte ihm. Er fand dieses irgendetwas im Malen und erschafft heute Bilder aus den Wünschen, Träumen und Visionen seiner Auftraggeber. Noch so eine Betätigung, die wohl vielen Berufsberatern fremd sein dürfte.

Mir hat ein solcher Berater zu meiner Abiturzeit vom Germanistik-Studium abgeraten: „Gehen Sie lieber in eine Behörde, das ist sicher", sagte er und machte mir Angst, weil ich als Germanistin keinen Job finden und als Taxifahrerin enden würde. Zum Glück habe ich nicht auf ihn gehört. Mittlerweile glaube ich, dass Leichtigkeit der entscheidende Faktor ist, um glücklich zu sein. Das sagen die meisten Interviewpartner, mit denen ich über berufliche Erfüllung spreche. Wenn sich etwas schwer und anstrengend anfühlt, befindet man sich mit hoher Wahrscheinlichkeit auf dem falschen Weg.

„Wir haben gelernt, dass wir uns im Leben anstrengen und viel leisten müssen", sagt Andreas. Aber es darf auch einfach sein – und danach sollte man Ausschau halten.

Die zweite Geschichte an diesem Tag zeigt, dass Wege zum Glück oft nicht gerade verlaufen.

Thomas Glässing wollte als junger Mann Musik studieren. „Meine Mutter sagte, Musiker sei kein Beruf, sondern ein Zustand. Der Deal war, dass ich ein Handwerk lerne und danach Musiker werde", sagt er. Thomas machte eine Ausbildung zum Koch, weil er als kleiner Junge gern mit seiner Oma gekocht und gebacken hatte und die verschiedenen Gerüche in der Küche liebte.

Nach der Lehre ging er zur Bundeswehr, studierte dort Musik und wurde Tonmeister. In diesem Bereich war er sehr erfolgreich, ging mit Musikgrößen wie Sting und Joe Cocker auf Tour, mischte live ihre Musik ab.

„Man muss das Glück haben, im richtigen Moment das Richtige zu tun. Und ich wurde quasi von einer Tournee zur nächsten gereicht", sagt Thomas. Er war unterwegs auf der ganzen Welt, materiell ging es ihm sehr gut. Doch weil er nur selten bei Frau und Sohn war, gab es Schwierigkeiten. Thomas' Frau stellte ihm ein Ultimatum: Entweder er ändert etwas und ist mehr für sie und das gemeinsame Kind da – oder sie verlässt ihn. Thomas entschied sich für seine Karriere.

Er arbeitete weiter und merkte über die Jahre, dass er unzufrieden wurde. Plötzlich kamen ihm Zweifel, ob das, was er tat, das Richtige war. Und mit den Zweifeln wurden die Aufträge weniger, die Künstler, mit denen er zusammenarbeitete, unbedeutender.

Heute weiß Thomas, dass die Familie, die er verloren hat, mehr wert war als seine Karriere. Damals war ihm sein Leben auf Tour wichtiger – und das machte ihn irgendwann krank. Er erlitt einen Herzinfarkt, schaffte es nach dem Krankenhausaufenthalt aber dennoch nicht, einen Gang runterzuschalten.

„Ich dachte, wenn ich etwas erreichen will, muss ich viel dafür tun", sagt er. Aber die Höhen von einst erreichte Thomas nicht, im Gegenteil. Er war ständig übermüdet und seine Leistung ließ nach.

„Ein Musiker sagte mir, dass ich jeden Tag unkonzentrierter werde und mal zum Arzt gehen sollte", sagt

Thomas. Tatsächlich stand es zu jener Zeit gesundheitlich mehr als kritisch um ihn. Er hatte Krebs. Leukämie.

Sein Arzt wollte ihn sofort einer Chemotherapie unterziehen, doch Thomas hatte andere Pläne. Er spürte in sich die tiefe Überzeugung, dass es etwas anderes als diese aggressive Methode geben musste. Ein Alternativmediziner sagte ihm, dass es Hoffnung gebe, dass Thomas jedoch sein Leben radikal ändern müsse. Das tat er: Er stellte seine Ernährung um, strich tierische Lebensmittel von seinem Speiseplan und baute Bewegung in seinen Alltag ein. Er arbeitete an sich, wurde gelassener und ging besser mit sich und seinem Körper um.

Es war dann vor allem die Ernährungsumstellung, dank der sich Thomas' Gesundheit verbesserte. Er wusste, dass tierische Produkte ihn krankgemacht hatten – Thomas hatte am liebsten deftig gegessen, Fleisch war sein Gemüse gewesen. Nun experimentierte er mit pflanzlichen Lebensmitteln und kreierte vegane Versionen seiner Lieblingsgerichte. Bei Facebook bot er aus einem Impuls heraus einen veganen Kochkurs an – und innerhalb von ein paar Stunden meldeten sich vierzig Personen dafür an.

Damals war er mit seiner Firma für Musikproduktion in eine vierhundert Quadratmeter große Halle gezogen. Der ursprüngliche Plan war, dort das modernste und größte Tonstudio Süddeutschlands einzurichten. Doch es kam anders.

Als Thomas mit einem Architekten vor Ort das weitere Vorgehen besprach, merkte er, dass sein Herz nicht mehr so wie früher an der Musik hing. Er wollte nicht mehr abhängig von Künstlern sein. Also überlegte er neu und kaufte eine Küche, um in der großen Halle Kochkurse zu geben. Über den Verkäufer der Küche, dem er von seiner Idee erzählte, kam er in Kontakt mit einem Küchenhersteller, der einen veganen Showkoch suchte.

Niemand hatte Thomas bis dahin kochen gesehen. Er hatte keinen einzigen Kochkurs gegeben und ging fast über Nacht eine Kooperation mit einem großen deutschen Haushaltsgerätehersteller ein. Das nenne ich mal Leichtigkeit!

Thomas strahlt, als er seine Geschichte erzählt. Gesundheitlich geht es ihm gut. „Meine Werte sind zwar noch nicht optimal, dafür von Test zu Test besser", sagt er. „Und meine Kocherei: Ich hätte niemals gedacht, was ich da lostreten würde. Ich bin selbst überwältigt und begeistert, was quasi aus der Not heraus entstanden ist."

Es ist großartig, jemanden zu sehen, der nach vielen Jahren noch mal von vorne anfängt und einfach nur Spaß hat bei dem, was er tut. „Ich arbeite aktuell an einem veganen Kochbuch", sagt Thomas. „Meine Mutter ist 2013 gestorben. Ihr bin ich sehr dankbar, dass sie mir meinen Weg bereitet hat."

Die Musik sei immer noch eine Leidenschaft, doch beruflich wendet sich Thomas mehr dem Kochen zu. Er sagt: „Es gibt keinen Masterplan fürs Leben. Es kommt, wie es kommt. Wir müssen nur auf unsere Gefühle und Wünsche hören."

Was für schöne Worte.

Lektion 16: Menschen sind unglücklich, weil sie nicht wissen, dass sie glücklich sind

Manchmal denke ich, wie schön es wäre, neben Andreas auf der Bühne zu sitzen und meine Geschichte zu erzählen. Von der Zeit, als ich unzufrieden war, mich davon aber abgelenkt habe. Von den Monaten, nein, Jahren, in denen ich meine Wünsche und Gefühle ignoriert habe, und von meinem Weg, der sich erst allmählich zeigt.

Ich habe keine Ahnung, wie es für mich weitergeht. Womit ich künftig Geld verdienen werde. Ich tue erstmal, was ich will. Ich reise, ich schreibe, ich lese, ich unterhalte mich mit inspirierenden Menschen, nehme mir Zeit für mich.

Mein Glücksprojekt neigt sich langsam, aber sicher dem Ende zu. Ein Dreivierteljahr ist vorbei. Und manchmal scheint es, als hätte ich den Dreh raus, als hätte sich das Glück ganz leise in mein Leben geschlichen. Ich weiß, dass ich kreativ bin, dass ich aus den Worten anderer und meiner Gedanken etwas erschaffen kann. Ich habe gelernt, dass ich mich nicht mit anderen Menschen vergleichen brauche, selbst mit anderen Journalisten, Textern und Autoren nicht, weil wir unterschiedlich sind und die Welt durch unsere eigenen Brillen sehen.

Aber das gelingt mir nicht immer. Ich habe zwischendurch immer noch Tage, an denen ich mich am liebsten irgendwo verkriechen würde. Und so frei und zuversichtlich ich an schönen Tagen bin, so ängstlich und verkrampft bin ich an miesen Tagen.

Ich wünsche mir Stabilität, weil ich immer noch zwischen schwarzen und weißen Phasen wandle. An guten Tagen träume ich davon, Bestsellerautorin zu sein und am Meer zu leben. An schlechten Tagen schaue ich nach Stellenangeboten, weil ich nicht weiß, wie lange meine Ersparnisse noch reichen. Denn meine Akquise-Versuche waren nur von mäßigem Erfolg gekrönt. Ich schwimme in ein paar Freelancer-Pools; aber dort schwimmen auch andere Freiberufler. An Aufträge komme ich mit meinen Akquise-Bemühungen nicht.

Das Schreiben über positive Menschen, über Themen, die mich und andere im Leben weiterbringen, macht mir Freude. Aber davon kann ich nicht leben, im Gegenteil. Ich investiere viel Geld in ein Buchcover für mein erstes Buch über berufliche Erfüllung, ich lasse die Kapitel professionell lektorieren. Immer dieses Geld. Wäre es nicht toll, wenn jeder entsprechend seinen Fähigkeiten und besten Qualitäten arbeiten und leben würde – und das ohne sich Sorgen machen zu müssen, wie er seine Miete bezahlt?

Mir ist bewusst, dass mich meine Geldsorgen blockieren. Doch ich weiß auch, dass mein Erspartes nur noch wenige Monate reicht, wenn ich keine weiteren Aufträge an Land ziehe. Und die kommen einfach nicht. Die fallen nicht vom Himmel wie bei Thomas, dem veganen Koch.

Einerseits bin ich so positiv und freue mich auf die Veröffentlichung meines ersten Buches. Andererseits drehe ich mich manchmal immer noch im Kreis und habe Angst davor, mir irgendeinen Angestelltenjob suchen zu müssen, weil mein Geld alle ist.

Wenn es um meine Reisen geht, spare ich nicht. Wenige Wochen nach dem fünften Glückfindertag fliege ich in die Ukraine und besuche dort eine Freundin. Wir laufen durch Kiew, quatschen, trinken Sekt am Dnepr und überqueren diesen Fluss per Seilrutsche. Wir fahren mit dem Zug nach Lemberg, wandeln dort durch die Gassen, durch Parks. Ich genieße das einfache Leben. Ich habe meinen Laptop nicht mitgenommen; ich will die Zeit nicht wie sonst so oft mit nützlichen Dingen verbringen, sondern verschwenden. Ich will leben – und nicht an morgen denken.

Und mir geht es in der Ukraine richtig gut. Ich genieße es, durch die Straßen zu laufen, den Musikern zu lauschen, die abends auf der Straße spielen. Mir die Häuser und Menschen anzuschauen, Zeit mit meiner Freundin zu verbringen, die ich lange nicht gesehen habe. Komischerweise ist diese Reise die bisher schönste, die ich in diesem Jahr unternommen habe. Vielleicht weil ich nicht arbeite, sondern einfach nur ... bin.

Beim Landeanflug auf Düsseldorf muss ich lächeln, als ich den Rheinturm aus dem Flugzeugfenster sehe. Obwohl ich weiß, dass ich theoretisch überall glücklich sein kann, fühle ich mich in Düsseldorf zu Hause. Ich mag den Anblick des Medienhafens, die Rheinuferpromenade, die Altstadt, den Grafenberger Wald.

Wenn ich darauf achte, begegnet mir das Glück auf unterschiedliche Weise. Bei einem Lauf am Rhein. Bei einem Spaziergang im Wald. Banale Dinge. Aber sie geben mir Kraft.

Viel häufiger als früher lächle ich einfach so. Ohne Grund. Ich schaue die Menschen an, die mir beim Laufen oder Spazierengehen begegnen, und lächle. Viele lächeln zurück. Viele reagieren gar nicht, schauen weg oder runzeln die Stirn als wollten sie fragen: „Was hast du denn genommen?"

So war ich früher auch. Das Leben war für mich ein ständiger Kampf. Es war hart und ungerecht und ich wollte mich irgendwie durchbeißen. Heute weiß ich, dass wir Menschen unglücklich sind, weil wir nicht wissen, dass wir im Grunde unseres Herzens glücklich sind. Wir leben in unserer eigenen Welt und Realität, die auf unserer Erziehung, unseren Erfahrungen und einer Vielzahl anderer Faktoren basiert. Die einen sind aufgrund dessen relativ zufrieden, die anderen nicht.

Die einen lernen, zufriedener zu sein, die anderen jammern und leiden ihr ganzes Leben.

Ich war viele Jahre unzufrieden, weil ich mir eine Welt der Unzufriedenheit aufgebaut hatte. Menschen, die ich kaum kannte, habe ich unterstellt, dass sie gegen mich seien. Dabei hat allein meine Körpersprache signalisiert: „Sprich mich nicht an."

Ich habe vieles schlechtgeredet, mich selbst eingeschlossen. Ich habe meinen Körper gehasst; habe zig Diäten gemacht, weil ich dünn sein wollte. Essstörungen inklusive. Ich habe lange gesagt, dass ich außer schreiben nichts kann.

In den vergangenen Monaten habe ich mir selbst das Gegenteil bewiesen: Mein Buchprojekt ist so gut wie abgeschlossen. Ich habe rechtzeitig alle Texte geschrieben und zur Freigabe an meine Interviewpartner geschickt. Ich habe mich um die Vergabe des Lektorats gekümmert und eine Designerin engagiert, die das Cover und zu jedem Kapitel ein Icon gestalten soll. Ich habe wieder und wieder alle Texte gelesen und überarbeitet und mit dem Online-Verlag, bei dem ich das Buch veröffentlichen will, korrespondiert. Ich bin richtig gut im Organisieren.

Als ich online alles hochgeladen habe – das Cover und die Textdatei – und beim Verlag ein Probeexemplar meines ersten Buches in Auftrag gebe, fällt mir ein Stein vom Herzen.

Lektion 17: Dinge zu tun, die einen begeistern, macht glücklich

Heute hat der Postmann das Probeexemplar meines Buches gebracht. Ich bin so aufgeregt wie ein kleines Kind bei der Bescherung. Das ist MEIN Buch. Das Gefühl ist unbeschreiblich. So viele Jahre wollte ich ein Buch schreiben, habe viele Ideen gehabt und dann wieder verworfen. Und nun habe ich tatsächlich ein Buch geschrieben, das in wenigen Wochen veröffentlicht wird.

Keine Ahnung, ob ich jetzt ein gutes Beispiel dafür bin, was passieren kann, wenn man sich auf das Leben einlässt, wenn man seine Stärken entdeckt und sich selbst annimmt, wie man ist. Habe ich das, wirklich? Zumindest glaube ich das in diesem Moment mit MEINEM Buch in den Händen. Ich bin sehr froh, dass ich mir ein Jahr Zeit genommen habe, um herauszufinden, was mich interessiert, was mich bewegt, Um glücklich zu werden.

Gerade könnte ich die ganze Welt umarmen und denke, wie einfach es ist, glücklich zu sein. Es geht doch nur darum, Dinge zu tun, die man von Herzen gern tut, die einem Spaß machen, einen begeistern.

Aber das ist meine Definition.

Vor ein paar Tagen habe ich eine Dokumentation über glückliche Menschen gesehen, die mich tief bewegt hat. Das Kamerateam ist während der Dreharbeiten an die entlegensten Orte dieser Erde gereist und hat mit Menschen gesprochen, die kaum etwas besitzen und trotzdem glücklich sind. Da war ein Rikschafahrer aus Indien – Fahrer ist der falsche Ausdruck; er läuft und zieht die Riksha hinter sich her –, der bis zu vierzehn Stunden täglich arbeitet und in ärmlichsten Verhältnissen lebt. Mit seiner Frau und den gemeinsamen Kindern wohnt er in einer winzigen Hütte, doch das reicht ihm. Das Größte sei es für ihn, wenn er nach der Arbeit nach Hause kommt und seine Kinder sieht, die ihm entgegenrennen und ihn umarmen.

Dann ging es in der Doku um einen Brasilianer, der zwar kaum etwas besitzt, aber glücklich ist, weil er jeden Tag das tun kann, was er liebt: surfen. Seit mehr als vierzig Jahren schwimmt er mit seinem Board aufs Meer hinaus und wartet auf die Wellen.

Die Freude, die diese beiden Männer ausstrahlen, ist so echt. Ich kann das nachfühlen. In meinen glücklichen Momenten geht es mir auch so.

Ich schätze, Glück heißt, sein Leben so gestalten zu können, wie man will. Selbstbestimmt zu leben. Und weil die Arbeit einen großen Teil unserer Lebenszeit ausmacht, sollte man auch seine Arbeit so gestalten, dass man sich wohlfühlt. Das ist meine Überzeugung.

Der eine will surfen, der andere mag es, Softwareprobleme zu lösen, der Dritte möchte andere Menschen unterrichten und der Nächste will ihnen zeigen, wie sie zu sich selbst finden. Alles hat seine Berechtigung. Wer regelmäßig im Flow ist und einer Tätigkeit nachgeht, die ihm Spaß macht und bei der er die Zeit vergisst, ist glücklicher als der, der kaum etwas hat, bei dem er Freude empfindet. Letztlich geht es darum: um Spaß.

Wozu sonst leben wir auf dieser Welt? Um bis zur Rente irgendeinen Job zu machen und zu sterben?

Berufliche Erfüllung und Glück hängen für mich nah aneinander. Weil es einen Unterschied macht, ob Geld der Antrieb ist oder Spaß.

Ich erinnere mich an meine Reise in die Ukraine. Die Verhältnisse sind dort deutlich schlechter als bei uns in Deutschland. Viele Angestellte und Arbeiter werden sehr schlecht bezahlt, auch gemessen an den ukrainischen Lebenshaltungskosten. Eine Winterjacke kostet um die hundert Euro oder mehr. Dabei verdient eine Kellnerin im Monat zwischen dreißig und vierzig Euro.

Die meisten Kellner in den Cafés und Restaurants sind jung und weiblich. Und den meisten sieht man an, dass sie diese Arbeit machen, weil sie irgendwie über die Runden kommen wollen. Das hat mich ein wenig traurig gemacht und daran erinnert, wie privilegiert ich bin, weil ich mich selbst verwirklichen kann.

Ich habe den Eindruck, dass immer mehr Menschen aufwachen. Sie hinterfragen das Lebenskonzept älterer Generationen. Sie wollen mehr als einen All-inclusive-Urlaub im Jahr. Sie wollen die Welt sehen und nicht nur den Ort, an den sie wegen ihres Jobs gebunden sind. Sie folgen ihrer Leidenschaft, statt einer Arbeit nachzugehen, die sie eigentlich ungern machen.

Nicht nur die Geschichten, die ich bei den Glückfindertagen höre, erzählen davon. Auch die vielen Interviews, die ich selbst führe. Es zeigt sich, dass viele Menschen verbittert, zynisch, depressiv oder schwer krank werden, wenn sie ihre Wünsche und Gefühle dauerhaft ignorieren.

Na ja, wie erwähnt habe ich in der Theorie den Bogen raus. In der Praxis schaffe ich es immer noch nicht, an Dingen dranzubleiben. Ich jogge noch nicht regelmäßig, wie ich mir vor einiger Zeit vorgenommen habe. Ich habe eine Zeit lang meditiert, dies jedoch nicht zu einer Gewohnheit gemacht. Yoga habe ich aufgegeben, weil ich irgendwann nur noch darauf gewartet habe, dass die Yogastunde vorbei ist. Und manchmal sitze ich immer noch viel zu lange am Laptop und suche nach irgendwelchen Möglichkeiten, im Internet Geld zu verdienen.

Bei einem NLP-Wochenende lerne ich eine Übung kennen, mit der ich Letzteres vielleicht in den Griff bekommen kann. Christina, eine andere Teilnehmerin, führt mich in unserer Kleingruppe durch die logischen Ebenen der Veränderung: Auf sieben Blättern, die auf dem Boden liegen, stehen die Begriffe „Kontext", „Verhalten", „Fähigkeiten", „Strategien", „Glaubenssätze", „Werte" und „Identität". Ich schildere zunächst mein Problem, den Kontext; dass es mir manchmal schwerfällt, aus diesem Kreis des Suchens auszubrechen, dass ich dann zu lange am Rechner sitze, statt Pause zu machen.

„Was machst du in solch einer Situation?", fragt Christina.

„Ich sitze am Laptop, habe das Gefühl, dass ich weiterarbeiten muss. Ich recherchiere und suche, schaue zwischendurch auf mein Handy."

„Und welche Fähigkeiten brauchst du dafür?"

„Hm, ich würde sagen: Beharrlichkeit."

„Und wenn du beharrlich bist: Welche Strategie steckt dahinter?", fragt Christina weiter.

„Ich habe die Strategie, so viel wie möglich zu schaffen", sage ich.

„Wovon bist du dann überzeugt?"

214

Ich muss nachdenken, doch wenn ich dastehe, mit geschlossenen Augen, und einen Schritt nach dem anderen zum nächsten Blatt mache, kommen die Gedanken fast automatisch. Deswegen macht Mark Zuckerberg mit seinen Mitarbeitern Power Walks – man kommt in der Bewegung schneller auf Ideen. Das ist sogar wissenschaftlich erwiesen.

„Ich bin überzeugt, dass ich etwas geleistet haben muss, bevor ich Pause mache. Dass ich produktiv sein muss."

„Welche Werte lebst du mit dieser Überzeugung?"

„Es geht mir um Erfolg und Wohlstand. Ich will mir keine Geldsorgen mehr machen. Ich will aber auch das Gefühl haben, gebraucht zu werden. Ich bin erst etwas wert, wenn ich etwas leiste."

Wow. Ich kann selbst kaum glauben, was aus meinem Mund kommt.

„Wer bist du, wenn du diese Werte lebst?", fragt Christina.

„Ich bin ein Arbeitstier, ein Workaholic", sage ich.

„Komm jetzt mit deiner Aufmerksamkeit zurück", sagt Christina, „und schüttle dich einmal durch."

Ja, klar, der Separator. Ich soll aus diesen Gedankengängen raus. Ich öffne die Augen und schüttle Arme und Beine.

Damit ist die Übung noch nicht vorbei, denn es geht schließlich um die Veränderung eines Verhaltens, das ich als problematisch erlebe.

Nun soll ich mich an meine Kraftquelle erinnern. Dazu haben wir vor einer halben Stunde eine Mediation gemacht. Renate, die zweite Seminarleiterin, hat eine Traumreise mit uns gemacht. Ich habe mir dabei einen Ort im Wald vorgestellt, eine Lichtung mit einem Bach.

„Was siehst du, wenn du an deiner Kraftquelle bist?", fragt Christina.

Ich baue vor dem inneren Auge das Bild wieder auf. Sehe die Bäume, den Bach, die Grashalme.

„Was hörst du?", fragt Christina.

Ich stehe da mit geschlossenen Augen und habe das Gefühl, dass das Bächlein direkt neben mir plätschert, dass die Vögel in den Bäumen zwitschern.

„Wer bist du, wenn du mit deiner Kraftquelle verbunden bist?", fragt Christina als Nächstes.

„Ich bin ein freier, glücklicher und kreativer Mensch", antworte ich.

„Welche Werte sind dir dann wichtig?"

„Freiheit – um zu sein, wie ich bin", sage ich.

„Und wenn du frei bist, wovon bist du überzeugt?"

„Dass ich Raum brauche und Pausen, um immer wieder zu mir selbst zu finden. Die besten Ideen kommen nicht, wenn ich am Rechner sitze."

„Welche Strategie ist dafür nötig?", fragt Christina.

„Ich muss immer wieder zum Wasser", sage ich.

Ich weiß schon länger, dass ich das Wasser liebe. Ich liebe den Rhein, ich liebe das Meer. Dennoch bin ich überrascht, dass ich das jetzt ausspreche.

„Und ich brauche einen Hund, mit dem ich regelmäßig rausgehe."

Auch das ist etwas, das ich mir seit langer Zeit wünsche. Schon als kleines Mädchen wollte ich einen Hund haben, habe als Fünftklässlerin Hunde von älteren Nachbarinnen ausgeführt und später auf dem Flohmarkt Hundefigürchen gekauft und mein Zimmer mit ihnen vollgestellt. Ich habe Hundegeschichten gelesen und Bücher über Hunderassen. Ich war total verrückt nach

Hunden – bin ich heute noch. Als Kind durfte ich keinen Hund haben; später, in Studium und Beruf, war es einfach nicht möglich, einen zu halten.

„Welche Fähigkeiten brauchst du, um dich glücklich und frei zu fühlen?", fragt Christina weiter.

„Ich brauche Selbstvertrauen. Ich muss auf mich selbst hören, weil nur ich am besten weiß, wann ich eine Pause brauche. Ich muss mein Handy zu Hause lassen, wenn ich rausgehe", sage ich.

„Und wie kann dann dein Verhalten aussehen? Was kannst du tun?"

„Rechner aus. Schuhe anziehen und rausgehen. Oder in die Sauna gehen. Das tut mir gut."

Ich mag solche Übungen. Ich lasse mich gern dadurch führen, aber ich mag es auch, den anderen Teilnehmern bei ihren Problemen zu helfen. Gleichzeitig merke ich, dass es nicht ausreicht, eine Übung zu machen, um für alle Zeiten glücklich und zufrieden zu sein, und dass sich Ziele und Wünsche im Laufe der Zeit verändern. Noch vor ein paar Monaten war es mein Ziel, möglichst viele Kunden als PR-Texterin zu akquirieren. Jetzt stelle ich mir die Frage, ob das Schreiben für Auftraggeber wirklich meins ist.

Wenn ich an die Geschichten von Thomas und Jens zurückdenke, fällt mir die Leichtigkeit ein, die sie nach ihren Krisen erlangt haben. Die PR-Schreibe war für mich nie so leicht. Schon in meinem Job als PR-Redakteurin habe ich gemerkt, dass es mich nervt, mit Kunden über sprachliche Dinge zu diskutieren. Ich will schreiben und keinem erklären müssen, dass ich dieses oder jenes an seinem Text verändern möchte, weil er sich dann spannend und flüssig liest. Doch genau darum drehte es sich in meinem Job in der Agentur, was ich schmerzlich lernen musste.

Ich sollte Texte für ein Mitarbeitermagazin schreiben und bearbeiten. Einen Beitrag schickte ich stark verändert an die Ansprechpartnerin beim Kunden. Sie fühlte sich daraufhin angegriffen, weil sie den Text neben ihrer normalen Arbeit als Sekretärin geschrieben hatte, und kritisierte meine Version. Ich antwortete ihr etwas patzig und trat damit eine Lawine los: Diese Frau sprach sich mit anderen Kollegen ab und plötzlich hatten mehrere Menschen etwas dagegen, dass ich Texte um-schrieb.

Aber deswegen war ich eingestellt worden, dachte ich. Um mehr Journalismus in Mitarbeiter- und Kundenmagazine zu bringen. Doch falsch gedacht.

„Nur zwanzig Prozent deines Jobs besteht aus dem Schreiben", sagte mir mein Chef, nachdem das betreffende Unternehmen gedroht hatte, den Auftrag zurückzuziehen, wenn ich nicht vom Projekt abgezogen und am besten ganz rausgeschmissen werde. „Die restlichen achtzig Prozent sind Pädagogik."

Dieser Moment war für mich in etwa so schrecklich wie jener in meiner Ausbildung zur Redakteurin, als ich einen Fehler gemacht hatte. Ich war absolut fertig mit den Nerven, zitterte und weinte. Ich wollte nicht, dass mich mein Chef und die Kollegen so sahen, aber ich konnte nicht gegen die Flut an Gefühlen ankämpfen, die in mir tobten.

Nach einer Krisensitzung wurde dem betreffenden Kunden dann eine neue Mannschaft präsentiert, die sich um das Magazin kümmern sollte. Im Hintergrund arbeitete ich immer noch an den Texten, doch immer mehr fragte ich mich, was der Sinn dieser Publikation sein sollte.

Mir ging es auch damals um gut lesbare, verständliche Texte. Um Qualität. Deswegen passte mir diese zwanzig-achtzig-Verteilung nicht, die mein Chef mir nahelegte. Dennoch entschied ich mich als Freiberuflerin für die Öffentlichkeitsarbeit. Weil dort mehr Geld zu holen ist als im Journalismus. Klar, für eine Zeitung schreibe ich auch. Aber wenn ich einen PR-Auftrag habe, geht diese Arbeit vor.

Ich weiß es und alle Interviewpartner bestätigen es mir: Es kommt nicht aufs Geld an. Es macht keinen Unterschied fürs Glück, ob man dreitausend oder fünftausend Euro im Monat verdient.

Aber wir müssen doch trotzdem alle von irgendetwas leben. Wenn ich in wenigen Monaten meine Ersparnisse verbraucht habe, mit meinem Buch nichts einnehme und gar kein Geld mehr habe: Wie kann ich dann glücklich sein? Ich will nicht Hartz IV beantragen müssen. Ich will nicht vom Staat oder meinem Freund abhängig sein. Diese Vorstellung macht mir Angst.

Lektion 18: Man sollte auf sein Herz hören, wenn man glücklich sein will

Trotz meiner Geldsorgen verreise ich wieder. Ich kann es einfach nicht lassen. Ich liebe es, andere Länder kennenzulernen, mich in einer ungewohnten Umgebung zurechtzufinden. Mit meinem Freund fliege ich für zwei Wochen nach Kenia.

Ich habe mich lange auf diese Reise gefreut, er noch mehr. Während ich in den vergangenen Monaten gefühlt nur unterwegs war, hatte mein Freund schon seit mehreren Jahren keinen Urlaub mehr. Sein Plan für die zwei Wochen sieht nur eines vor: Nichtstun.

Und das ist für mich schwerer, als ich gedacht habe. Die ersten Tage genieße ich noch sehr. Ich setze mich jeden Morgen vor dem Frühstück auf die Terrasse, schreibe zehn Dinge auf, für die ich dankbar bin, lausche dem Meeresrauschen. Mein Freund und ich hängen am Pool herum, schwimmen im Meer, liegen in Hängematten, schlürfen Kokoswasser und Cocktails, reden über dies und das. Wir probieren kenianische Gerichte und schauen uns abends Shows einheimischer Künstler an.

Nach einigen Tagen des maßlosen Schlemmens beschließen wir, ins Fitnessstudio zu gehen. Draußen sind es mehr als vierzig Grad – und wir schwitzen im klimatisierten Fitnessstudio. Irgendwie paradox.

Nach einer Woche habe ich die zwei Bücher, die ich mitgenommen habe, gelesen und weiß mit der Zeit nichts anzufangen. Ich denke viel nach, schaue in den blauen Himmel. An manchen Tagen fällt mir das leicht, dann kritzle oder schreibe ich ein bisschen in meinen Notizblock. An anderen Tagen vermisse ich meinen Laptop schmerzlich. Ich wäre gern produktiv – und bin unsicher: Ist das mein Drang, etwas leisten zu müssen, oder einfach nur der Wunsch, das zu tun, was ich gern tue?

Gegen Ende der Reise lasse ich mein Dankbarkeitstagebuch links liegen. Die Eintönigkeit gefällt mir nicht: Jeden Tag tun wir das Gleiche. Ich habe das Gefühl, dass ich mich anpassen muss, weil mein Freund das Nichtstun genießt und ich ihm während seines lang ersehnten Urlaubs nicht mit irgendwelchen Ausflügen auf die Nerven gehen will. Ich bin wie ein Tiger im Käfig, gefangen in der Ferienanlage.

An einem Abend streiten wir uns. Ärger im Paradies sozusagen. Es geht um Familienplanung, ein heikles Thema bei uns. Ans Heiraten und Kinderkriegen denke ich meist dann, wenn es mir nicht so gut geht und ich mich nach mehr Sicherheit sehne. Für meinen Freund ist dieses Thema kein Thema; er hat zu Beginn meines Glücksprojekts einen neuen Job angetreten und gerade die Probezeit hinter sich. Das Nächste, das er sich leisten will, ist ein neues Auto.

„Ich sage nicht, dass ich keine Kinder will", sagt er, „und auch nicht, dass ich mit dir keine will."

„Aber du sagst auch nicht, dass du das willst", sage ich.

„Schau mal, du bist selbst dafür verantwortlich, dass ich mir unsicher bin. Vor ein paar Monaten wolltest du noch vor mir weglaufen. Und deine berufliche Situation ist auch nicht gerade toll, um eine Familie zu gründen."

Seine Worte treffen mich im innersten Kern. Wir sind am Meer, unter Palmen – und ich kann meine Tränen nicht zurückhalten.

Was habe ich in meinem Leben eigentlich erreicht? Am liebsten würde ich flüchten, doch wohin? Wir haben noch einige Tage Urlaub vor uns.

Irgendwie raufen wir uns wieder zusammen, gehen morgens zum Frühstück, dann zum Pool, mittags und abends zum Essen, hin und wieder ins Fitnessstudio. Mein Handy, das in der ersten Woche im Zimmer lag, ist nun immer bei mir. Ich surfe im Internet, bin stundenlang auf Facebook unterwegs. Ich überbrücke die Zeit zwischen den Mahlzeiten.

Ich will nach Hause.

Braungebrannt kommen wir zurück nach Deutschland und schon wenige Tage später fahre ich mit einer Mitfahrgelegenheit zum sechsten und letzten Glückfindertag nach Berlin. Unterwegs steigen zwei Mitfahrer zu, mit denen ich mich unterhalte. Sophie ist neunzehn und studiert Sonderpädagogik. Patrick ist achtzehn und will Pastor werden. Sie sind so jung und haben schon den Durchblick. Aus ihren Worten höre ich, dass sie sich bewusst für ihre Wege entschieden haben. Dass sie ihre Fähigkeiten und Interessen in die Waagschale geworfen haben – und nicht die Erwartungen anderer oder finanzielle Anreize.

Das Gespräch mit Sophie und Patrick gibt mir so viel Hoffnung. Dass das Bewusstsein für das eigene Glück und die eigene Berufung heute schon bei vielen Jugendlichen vorhanden ist. Dass immer mehr von ihnen auf ihr Bauchgefühl vertrauen und sich nicht aus Angst oder anderen negativen Emotionen heraus verbiegen.

Wahrscheinlich werde ich die beiden nie wiedersehen. Doch als wir Sophie und Patrick in Berlin absetzen, wünsche ich ihnen alles Glück der Erde und dass sie auch weiterhin zu sich selbst stehen. Denn das ist nicht immer leicht. Der Kopf meldet sich immer wieder und ist lauter als das Herz. Das kennt auch Andreas.

„Im Herbst, wenn es kalt und abends schneller dunkel wird, verfalle ich leicht in den Winterblues. Dann frage ich mich: Bin ich immer noch glücklich? Interessiert sich überhaupt jemand für die Glückfindertage?", sagt er tags darauf bei der letzten Veranstaltung seiner Tour. Er sagt, er habe im Vorfeld des sechsten Glückfindertages die zwei Themen, die heute im Mittelpunkt stehen, intensiv durchlebt. Die Themen sind Werte und Zweifel.

„In einer Reportage habe ich erfahren, dass unser physischer Körper – unsere Arme, Beine, unser Kopf und so weiter – 1,8 Millionen Euro wert ist. Diesen Mittelwert haben Juristen auf Basis von Schadenersatzurteilen gebildet. Das hat mir aber als Antwort auf die Frage, wie wertvoll ein Mensch ist, nicht gereicht. Diese Juristen entscheiden doch nicht, wie viel ich wert bin. Es geht eher darum, was ich mir selbst wert bin", sagt er.

Die meisten Menschen schätzen sich selbst nicht als die wunderbaren und großartigen Persönlichkeiten, die sie sind. „Wir haben ein massives Problem mit Anerkennung", sagt Andreas. Als Kinder lernen viele Menschen, dass sie gut und wunderbar sind, wenn sie etwas tun, das in den Augen der Erwachsenen gut und wunderbar ist. Viele verstellen sich, nur um Liebe und Aufmerksamkeit zu bekommen. Später verbiegen sie sich des Geldes wegen – auch eine Form von Anerkennung.

Es ist nicht einfach, sich von dieser Anerkennung zu trennen und gut zu finden, ohne erst etwas leisten oder jemand Bestimmtes sein zu müssen. Sich selbst wertvoll zu fühlen.

„Wir entscheiden, was wir wert sind", sagt Andreas.

Klar, in der Theorie ist das richtig. Aber was ist mit der Praxis?

In meiner Zeit als PR-Redakteurin habe ich einen Blog gestartet, auf dem ich Menschen vorgestellt habe, die anders leben und arbeiten als der Durchschnitt. Ich war selbst unzufrieden und habe geschaut, welche Alternativen es gibt. Eine Weile habe ich nur für mich geschrieben, doch irgendwann habe ich angefangen, den Erfolg eines Blogartikels an den Kommentaren und Gefällt-mir-Angaben bei Facebook zu bemessen. Ich schaue, wie oft mein Blog aufgerufen wird, recherchiere passende Keywords, um Besucher auf meine Seite zu ziehen. Ich weiß, dass es einige treue Leser gibt, die die Geschichten, die ich schreibe, inspirierend finden. Dennoch ist da dieser Drang, gelobt zu werden.

Na ja, und das Geldthema ist auch noch so eine Sache. Ich schaue immer häufiger nach Stellenangeboten, weil die Ungewissheit an mir nagt. Für das, was ich gern mache, bekomme ich im Moment kein Geld. Und die Vorstellung, dass ich mich als Angestellte verbiege, bereitet mir Angst. Da habe ich nun dieses Wissen, dass ich glücklich bin, wenn ich meine Interessen und Talente auslebe. Doch was bringt mir dieses Wissen, wenn ich irgendwann ohne Kohle dastehe?

Wenn ich aufhöre zu suchen, den Rechner ausschalte und an die frische Luft gehe, fühle ich mich besser. Ja. Ich besinne mich darauf, was mir im Leben wichtig ist. Doch meine Rechnungen kann ich davon nicht bezahlen.

„Ich fühle mich unbezahlbar", sagt Andreas. Klar, wir sind alle unbezahlbar. Wir haben alle wunderbare Talente. Aber ich verdiene mit meinen Talenten noch nicht annähernd genug Geld.

Darüber hat sich Clara Morgenthau, die beim Glückfindertag ihre Geschichte erzählt, selten Gedanken gemacht. Auf mich wirkt sie wie eine erwachsen gewordene Pippi Langstrumpf – mit ihrer bunten Kleidung und ihrem schelmischen Lächeln. Ihr Name ist ein

Pseudonym, das sie sich vor einigen Jahren gegeben hat, weil er in ihrem Inneren immer wieder aufgetaucht sei.

„Er ist mir wie auf den Leib geschrieben", sagt Clara, die Frühaufsteherin, die den Morgentau liebt und die klare Luft am frühen Morgen, wenn alles schläft. Claras Lebenslauf liest sich wie ein Roman: Sie war beim Zirkus und hat an der Börse gearbeitet, sie ist mit einer Klezmer-Band aufgetreten und hat in einer Wohnwagensiedlung gelebt. Sie hatte mal viel Geld und dann wieder wenig. Heute freut sich sie über den Morgentau mehr als früher über einen Fünf-Punkte-Zuwachs des Dax.

Clara ist in Frankfurt am Main geboren und aufgewachsen. Sie war als Kind schon kreativ, hat gemalt, gern gebastelt, später ihre Kleidung genäht, ihre eigenen Schuhe geschustert. „Das war meine Welt", sagt sie.

Im Jugendalter wollte Clara Innendekorateurin werden, doch ihre Eltern waren dagegen und schlugen ihr vor, dass sie etwas „Vernünftiges" lernt, Bankkauffrau zum Beispiel. „Ich dachte, wenn ich meine Eltern nicht glücklich mache, werde ich kein glückliches Leben führen", sagt Clara. Sie machte eine Ausbildung in einer

Bank – und merkte recht bald, dass ihr die Vierzig-Stunden-Wochen im Büro zusetzten. „Etwas in mir wurde krank", sagt sie. Nach zwei Jahren als Bankkauffrau wollte sie nur noch weg.

Ihr Ausweg sollte ein Studium sein: etwas mit Design, etwas Kreatives. Doch bevor sie studieren würde, wollte sie raus in die Welt. Mit ihrem Freund ging Clara in einem VW-Bus auf Europatour. Frankreich, Portugal, Spanien. Sie nahmen die Tage, wie sie kamen, und machten sich keine Sorgen, was morgen sein würde. „Das Leben war toll", sagt Clara.

Zurück in Deutschland machte sie ein Praktikum bei einer Designerin und stellte fest, dass ihr das überhaupt keinen Spaß machte. Wie könnte sie dann Design studieren?

Clara musste umdenken, studieren wollte sie immer noch. Also entschied sie sich für BWL. Im Studium und auch danach arbeitete sie in einem Steuerbüro, in dem sie große Freiheiten genoss. Ihr sei alles irgendwie zugeflogen, das Leben sei für sie immer leicht gewesen.

Doch dann eröffnete ihr Chef, dass sie seine Nachfolgerin werden sollte. Ihr Freund sprach mit ihr übers

Heiraten und über Kinder. „Und ich dachte: Die planen mein Leben", sagt Clara.

In einer Nacht-und-Nebel-Aktion haute sie ab. Auf Rügen verliebte sie sich in einen Mann, mit dem sie nach Hamburg ging. Dort arbeitete sie in einem Steuer-büro. „Die mochten meine Arbeit, weil ich das machte, was andere nicht machen wollten", sagt Clara. Sie selbst fühlte sich aber nicht ganz zufrieden. Sie wechselte die Stelle, doch es fühlte sich immer noch falsch an.

„Ich habe meine innere Stimme nicht mehr gehört. Alles in mir wurde klein und ich dachte, dass ich in einer großen Lüge lebe", sagt sie. Die Beziehung zu dem Mann, den sie auf Rügen kennengelernt hatte, ver-änderte sich. Er wollte Sicherheit und Beständigkeit. Clara jedoch wollte wieder weg, sie wollte frei sein, durch die Welt ziehen. Sie trennte sich von ihrem Freund.

„Da war ich kompromisslos. Ich dachte: Wie kann ich bei jemandem bleiben, der mich zurückhält? Ich wollte mir selbst treu bleiben", sagt Clara.

Sie zog nicht sofort los, sondern reduzierte zunächst ihre Arbeitsstunden im Büro. Eine Weile ging es damit gut, doch nach einem Jahr stellte sie fest, dass die Leichtigkeit, ihre innere Stimme, verschwunden war. Also reduzierte sie ihre Stunden weiter und arbeitete fortan drei Monate Vollzeit, um neun Monate zu reisen. In den arbeitsfreien Monaten quartierte sie sich in einer Gartenlaube in Hamburg ein oder wohnte auf einem Wohnwagenplatz an der Ostsee, wo sie am Meer saß, Akkordeon spielte und Jonglieren lernte. Sie folgte ihrer Freude. „Mich hat es immer weiter gezogen", sagt sie.

In der Zeitung las Clara davon, dass ein Wanderzirkus in Italien Personal suchte. Also fuhr sie hin und arbeitete einige Monate bei diesem Zirkus. Mit einem Mann zeigte sie eine Nummer, bei der er jonglierte und sie Akkordeon spielte.

Irgendwie hat Clara es immer wieder geschafft, ihre innere Stimme zu finden. Sie hat sich immer wieder dafür entschieden, sie selbst zu sein. Glücklich zu sein. Zu fühlen. Den Moment zu genießen.

Nach dem Engagement beim Zirkus ging sie wieder nach Hamburg. Eine Freundin, mit der Clara BWL studiert hatte, erzählte ihr beiläufig, dass sie jemanden für die Deutsche Börse suchte, Bereich Controlling und Rechnungsprüfung.

„Ich sagte: Das ist etwas für mich", sagt sie. Sie lieh sich einen Faltenrock, weil sie selbst keine bürotaugliche Kleidung hatte, und fuhr zum Vorstellungsgespräch. Obwohl sie keine Computerkenntnisse hatte, bekam sie den Job.

„In Situationen, wo alles zusammenkam, bin ich immer meinem Innersten gefolgt", sagt sie. „Ich habe alle Entscheidungen aus dem Bauch heraus getroffen."

An der der Börse arbeitete sich Clara schnell ein. Schon als Kind hatte sie eine Affinität zu Zahlen gehabt, außerdem besitzt sie eine schnelle Auffassungsgabe und geht gern ins Detail. „In Rechnungen fand ich Fehler, die hunderttausende von D-Mark gekostet hätten", sagt sie. Das brachte ihr Respekt ein, und mit den Kollegen kam Clara sehr gut zurecht. Ihr wurde eine Vollzeitstelle angeboten, doch Clara hatte eine andere Vorstellung: Sie wollte einen Monat Vollzeit arbeiten und zwei Monate frei haben. Ihre Vorgesetzten stimmten zu.

Wenn Clara nicht im Büro saß, reiste sie viel, lebte von Straßenmusik und ihren Ersparnissen, hauste eine

Weile am Atlantik, wo sie sich von Weißbrot und Fisch aus dem Meer ernährte. „Ich habe am Meer geschlafen – oder im Wald", sagt sie. Ihr stand die Welt offen und sie merkte, dass Ängste oft erst außen entstehen: „Ich habe mich mit einer Freundin darüber unterhalten, wo ich schlafe. Und sie packte sich an den Kopf und fragte, wie ich das machen könne. Das sei doch gefährlich. Nach diesem Gespräch hatte ich plötzlich Angst, wenn ich im Freien schlief."

Clara verstand auch, dass ihr andere Werte wichtig waren als ihren Kollegen an der Börse. „Dort ging es um Geld, um die Kranken- und Lebensversicherung", sagt sie. Sie hatte keine Versicherungen – und Geld war für sie nur Mittel zum Zweck. „Mein Verstand hat mir hin und wieder gesagt, dass Geld und Sicherheit doch wichtig sind. Aber die Freiheit war mir immer wichtiger. Der Teil wurde immer stärker, der wusste, dass man auch mit ganz wenig ganz viel haben kann."

In ihrem Job an der Börse dachte sie an Sicherheit. In der Natur war Clara immer frei. Sie kündigte.

Über eine Bekannte lernte sie eine Klarinettistin kennen, mit der sie eine Klezmer-Band gründete. Die zwei gingen auf Tour, spielten in Frankreich und Italien. In einer zweiten Band spielte Clara auf Festivals. Als die Klarinettistin heiratete, schwanger wurde und aus der Klezmer-Band ausstieg, veränderte sich auch Claras Leben. Sie verbrachte neun Wochen im Haus ihrer Großmutter im Erzgebirge. Allein in einem leeren Haus: „Das war eine wunderschöne Zeit. Etwas sagte mir, dass ich hier einziehen würde. Aber ich wusste, dass meine Eltern das Haus verkaufen wollten", sagt Clara. Doch mehrere Kaufinteressenten sprangen ab – und Claras Vater schenkte ihr das Haus.

Zwischenzeitlich arbeitete sie wieder an der Börse – ein Monat Frankfurt, zwei Monate Erzgebirge. Das Geld, das sie verdiente, steckte sie ins Haus. Und dann besuchte sie den Vortrag eines Meditationsmeisters und fand in seinen Worten etwas, das ein Teil von ihr lange gesucht hatte. Sie meditierte immer mehr, ging für ein halbes Jahr nach Indien, wo Meditation eine große Rolle spielt. Das Chaos in ihrem Leben wich der Klarheit.

„Dinge, die nicht zu meinem Weg gepasst haben, sind von mir gefallen", sagt Clara. Mithilfe der Meditation habe sie aufgehört zu rauchen, woran sie in der

Vergangenheit mehrmals gescheitert war. „In der Meditation heißt es: Gib dich der Instanz, der du traust, also Gott, Mutter Erde oder einem universellen Bewusstsein hin. Lass los", sagt sie. Sie verstand in der Stille der Meditation, dass ihre Versuche, das Rauchen aufzugeben, deshalb erfolglos geblieben waren, weil sie Angst hatte zu versagen.

Hingeben, loslassen, Kommunikation mit sich selbst. Wenn Clara spricht, scheint das alles so logisch, so einfach. Sie hat sich ein Leben erschaffen, das sie erfüllt. In ihrem Haus im Erzgebirge gibt sie kostenlose Meditationskurse. Sie bietet Malworkshops an; damit verdient sie ihr Geld. Doch nicht das Materielle macht sie glücklich, sondern ihr Inneres. Glücklich sein heißt für sie, dass sie nicht danach sucht, sondern weiß, dass das Glück in ihr selbst zu finden ist. „Ich bin glücklich, weil ich in mich gehen und meine Seele spüren kann", sagt Clara. Sie macht das, was ihr Freude bereitet. Sie lebt im Augenblick, im Heute. Manchmal habe ich das Gefühl, dass Glück tatsächlich SO einfach ist.

Lektion 19: Glück ist, den Zweifeln nicht die Kontrolle zu überlassen

Das zweite Thema des Glückfindertages überrascht viele Zuhörer. Es geht um Zweifel. Für Andreas ein sehr wichtiges Thema. Er erzählt davon, dass er vor Start seines Glückfinderprojekts viele Seminare von Motivations- und Kommunikationstrainern besucht hat, die an die Stärke in den Teilnehmern appellieren, ihnen Mut machen. „Aber zwischen all diesen Sprüchen wie ‚Du kannst alles schaffen‘ und ‚Du brauchst eine große Vision – dann läuft alles von allein‘ hat mir etwas gefehlt“, sagt Andreas. „Keiner dieser Trainer hat gesagt, dass es nicht so schlimm ist, wenn etwas mal nicht so funktioniert, wie du es dir vorgestellt hast.“

Klar, wir können an uns arbeiten und unsere Ziele konsequent verfolgen. Doch manchmal seien wir im Tiefsten unseres Herzens noch nicht bereit für einen

Schritt oder eine Aufgabe – und deshalb könne es sein, dass sie nicht gelingt. Dann gehe es darum, auf sich selbst zu vertrauen und seinen Ängsten und Zweifeln nicht die Kontrolle zu überlassen.

Wir alle zweifeln an uns selbst, an unseren Fähigkeiten. Wir sind unsere größten Kritiker und überhören unsere innere Stimme, die uns sagt, dass ein Wunsch, der erst mal nicht in Erfüllung geht, einen Sinn hat. Dass es einen guten Grund gibt, wieso man einen Job nicht bekommt oder mit einem Projekt scheitert.

Den Glückfinder gibt es nur, weil Andreas selbst nicht glücklich war. Mein erstes Buch würde es nicht geben, wenn ich in meinem Job glücklich und zufrieden gewesen wäre. Ich glaube mittlerweile, dass auch Verluste im Leben bloß Lektionen sind. Manchmal müssen wir tief fallen, um zu erkennen, dass das Leben es eigentlich sehr gut mit uns meint.

Der Schauspieler László Kish, der nun seine Geschichte beim Glückfindertag erzählt, war früher ein notorischer Nörgler. Er wurde in der Schweiz geboren, kurz nachdem seine Eltern dorthin aus Ungarn geflohen waren. Es war die Zeit nach dem Ungarnaufstand von

1956 und seiner Zerschlagung. Bei den Kämpfen im Land starben tausende Menschen. Knapp zweihunderttausend Ungarn verließen aus Angst ihre Heimat, so auch Lászlós Eltern.

Sie bauten sich in der Schweiz ein neues Leben auf. Nach anfänglichen Schwierigkeiten im neuen Land praktizierte Lászlós Vater als Arzt; László sollte später seine Praxis übernehmen.

„Ich wollte Menschen aber nicht aufschneiden", sagt er. Sein Vater war Geburtshelfer und habe von der Schönheit der Geburt geschwärmt, wenn ein neues Kind auf die Welt kommt. „Ich habe das aber nicht gespürt", sagt László.

Er ist überzeugt, dass Arzt kein Beruf sei, den jeder ausüben sollte. Man sollte dazu berufen sein, man sollte Menschen zumindest helfen wollen. „Diesen Anspruch hatte ich überhaupt nicht. Außerdem habe ich in der Schule Physik, Chemie und Bio gehasst – und aus diesen Fächern besteht das erste Jahr des Medizinstudiums", sagt er. „Ich wollte etwas machen, bei dem ich weiß, wieso ich es mache, bei dem meine innere Stimme sagt: Das ist es! Und das hatte sehr früh etwas mit Film zu tun."

Hin und wieder habe László an eine Karriere als Arzt gedacht – aus der Überzeugung heraus, dass die Schauspielerei für ihn unerreichbar sei. Auf einer Reise nach Rumänien lernte er jedoch mit dreizehn Jahren einen Fernsehregisseur kennen, der ihn ermutigte und ihm sagte, dass man Schauspiel lernen könne.

László studierte Schauspiel in Zürich, spielte später auf großen Bühnen, in Filmen und im „Tatort" mit. Er feierte Erfolge als Schauspieler, war sehr gefragt, verdiente sehr gut und das Publikum mochte ihn. László aber war ständig unzufrieden, weil er dachte, dass er doch eigentlich kein guter Schauspieler sei.

Er habe sich jahrelang gefragt, wann das auffliegt, dass er es im Grunde gar nicht kann. Je erfolgreicher er wurde, umso mehr entwickelte er eine Abneigung gegen die Menschen, die ihn lobten. „Ich dachte: Was sind das für Vollidioten, die es nicht merken? Was ist ihr Lob überhaupt wert?"

László zweifelte nicht an sich als Mensch, sondern an sich als Schauspieler. „Auf der Bühne muss ich zu hundert Prozent wahrhaftig sein", sagt er. Doch er hatte damals nicht das Gefühl, dass er diesem Anspruch genügte. Regisseure und Publikum fanden ihn toll. „Doch vor mir selbst hatte das keinen Bestand", sagt László. Er fand sich selbst nicht überzeugend und verachtete jene, die ihn nicht als Hochstapler entlarvten.

Bei Proben oder Dreharbeiten sei für ihn wirklich alles furchtbar gewesen: Die Kollegen habe er als schrecklich empfunden, die Kameraführung, die Produktionsbedingungen und den Regisseur sowieso. Selbst beim Dreh für den „Tatort" – dort mitzuspielen war für László ein Traum gewesen – sei er komplett unzufrieden gewesen.

Lászlós Einstellung zur Schauspielerei führte dazu, dass seine Karriere von einem Tag auf den anderen Schaden nahm. Statt fünfzig Drehtagen im Jahr hatte er plötzlich nur noch einen. Er sah sich in seinen Zweifeln bestätigt und dachte: „Jetzt haben sie es verstanden. Jetzt haben sie erkannt, dass ich nichts draufhabe."

Merkwürdig fand László nur, dass der Karriereknick eintrat, obwohl er nichts verändert hatte – weder an seinem Schauspiel noch an seiner inneren Haltung. Die wenigen Anfragen und Angebote, die er als Schauspieler bekam, empfand er als Demütigung. Er war nicht mehr im Fernsehhauptprogramm zu sehen, sondern am Vorabend.

Zum Umdenken brachte László eine Postmitarbeiterin. Damals spielte er in einer Serie mit, die er – wie soll es anders sein? – auch schrecklich fand. Die Frau am Postschalter fragte ihn: „Und, kriegen Sie sie?"

László verstand zunächst nicht, was die Frau meinte. Doch dann dämmerte ihm, dass sie von seiner Serienfigur sprach – und einer sich anbahnenden Beziehung zu einer anderen, weiblichen Serienfigur. Die Postmitarbeiterin habe László gesagt, dass sie seine Serie sehr mag und sich jeden Tag auf sie freut. „Das war der Moment, in dem ich dachte: Genau deswegen mache ich das! Weil es dieser Frau guttut", sagt László. Er erkannte den Sinn in seiner Arbeit und ihm war plötzlich klar: „Scheiß auf die Wahrhaftigkeit. SIE glaubt es – und das ist genug."

Lászlós Motivation war es immer zu zeigen, warum Menschen handeln, wie sie handeln, warum sie sind, wie sie sind. Deswegen spielt er gern Rollen von dubiosen Typen, von bösen Buben. „Ich wollte Geschichten erzählen, ich wollte der Advokat meiner Figuren sein", sagt er. Denn nach seiner Vorstellung gibt es nur ganz wenige Menschen, die absichtlich Böses tun wollen. Die allermeisten von uns handeln, wie sie handeln, weil sie aufgrund ihrer Erfahrungen, ihrer Prägung, ihrer Vergangenheit und Werte nicht anders können. Dank der Situation mit der Postfrau erinnerte sich László wieder daran.

Zum Nachdenken brachte ihn dann auch ein Satz, den er bei einem Seminar hörte. Der Kommunikationstrainer habe gesagt, es sei nie zu spät für eine glückliche Kindheit. László überlegte, mit welchen Worten er seine Biografie beginnen würde, und stellte fest, dass er dabei an Angst, Schmerz und schlimme Erlebnisse dachte. Er würde sich als armes Flüchtlingskind beschreiben, dessen Eltern Heimweh gehabt und geweint, die schlecht über die Schweiz gesprochen hatten – das Land, in dem sie eine neue Heimat gefunden hatten. László hatte viele Überzeugungen und Ansichten übernommen, ohne sie zu hinterfragen. Er sah sich lange als Opfer, das Leben als stetigen Kampf.

Der Satz des Kommunikationstrainers hallte in ihm nach. Wenn es nie zu spät für eine glückliche Kindheit ist, wie würde er seine Biografie dann beginnen? Der erste Satz, den er schrieb, lautete: „Ich bin ein Glückskind." Zunächst habe sich Widerstand in ihm geregt. „Ich – und ein Glückskind? Das stimmt doch vorn und hinten nicht!"

Doch je länger László darüber nachdachte, umso mehr erkannte er, dass er tatsächlich viel Glück gehabt hatte. Seine hochschwangere Mutter hätte auf der Flucht erschossen werden können. Seine Eltern hätten im stalinistisch geprägten Ungarn bleiben oder nach Westafrika auswandern können. Stattdessen überlebten sie die Flucht und kamen in ein Land, in dem es seit zweihundert Jahren keinen Krieg gegeben hatte. Lászlós Vater durfte in der Schweiz als Arzt arbeiten, die Familie lebte im Wohlstand. László selbst spielte an großen Schauspielhäusern. Es gab sogar eine Zeit, als er sich zwischen zwei namhaften Theatern entscheiden musste. Als er einen Produzenten nach einem Engagement beim Film fragte und als Antwort hörte: „Klar, nächste Woche geht es los."

Die neue Perspektive veränderte etwas in László. „Ich fing an, mein gesamtes Leben anders zu betrachten", sagt er. „Ich entscheide mich in jeder Sekunde, wohin ich meinen Blick richte."

Seither ist er wesentlich gelassener. Er hat sich selbst akzeptiert. Er ist glücklich.

Im Gespräch mit Andreas erwähnt László einen Satz, den die Cartoon-Figur Popeye singt: „I am what I am, and that's all what I am." Ich bin, was ich bin, und das ist alles, was ich bin. „Ich BIN", sagt László, „mehr braucht es nicht."

Er lebt und handelt innerhalb seiner Möglichkeiten und Grenzen – und hat auf diese Weise zu jener Wahrhaftigkeit gefunden, nach der er immer gestrebt hatte. „Was ich mache, ist gut. Ein anderer kann es anders machen oder besser. Ich nicht."

László hat akzeptiert, dass er zu jedem Augenblick perfekt ist. Wie jeder von uns. Wir werden geboren und sind perfekt – so, wie wir sein sollen. Doch im Laufe der Jahre lernen wir von anderen Menschen und der Gesellschaft, was wir wann zu tun oder zu lassen haben. Wir verlieren das Bewusstsein für uns selbst, unser

Bauchgefühl, unsere innere Stimme. „Wir sind alle perfekt. Wir sind großartige Wesen und tolle Menschen, wenn wir es zulassen. Ich habe jetzt mein bestes Ich", sagt László.

Ich sitze auf meinem Stuhl, höre Lászlós Worte und nicke. Er hat so recht. Wie oft vergleichen wir uns mit anderen und fühlen uns dadurch mies?

Am Pool in Kenia habe ich einen Roman des US-Bestsellerautors John Grisham gelesen und dachte: „Ich will so schreiben können wie er" – und im nächsten Moment: „Ich werde nie so schreiben können wie er."

Was nützt es, eine Kopie von jemandem zu sein? Ich habe meinen eigenen Schreibstil – und das ist gut so. Ich muss mich mit niemandem messen. Es ist, wie László sagt: Ich habe jetzt mein bestes Ich. Ich bin genug.

Der sechste Glückfindertag geht zu Ende, die Halle in Marzahn leert sich allmählich. Es ist ein merkwürdiges Gefühl. Eine Reise geht zu Ende. Ein Jahr voller neuer Erlebnisse.

Am Abend gehe ich mit Andreas, Jörg und einigen anderen Glückfindern essen. Auch László kommt vorbei. Wir unterhalten uns über den Tag, über Glück, über Veränderungen und all die wichtigen Dinge im Leben, die manchmal so schwer zu benennen sind.

Wir sind uns so nah, weil wir alle verstanden haben, worum es geht. Zumindest glaube ich das in diesem Moment. Ich habe das Gefühl, ich habe alles gelernt über Glück. Ich denke, ich habe es raus. Die Lawine, die schon bald auf mich zurollt, sehe ich nicht kommen.

Lektion 20: Ich selbst bin mein Glück

Ich weiß heute, etwa ein Jahr nach dem ersten Glückfindertag, so viel mehr über mich selbst. Wie ich ticke und wieso ich handle, wie ich handle. Ich habe gelernt, anderen und mir selbst zu vergeben; bei einem Vergebungsworkshop habe ich mich mit Schatten meiner Vergangenheit auseinandergesetzt und Rotz und Wasser geheult. Ich habe beschlossen, künftig ich selbst zu sein. Ich weiß, dass mein Glück nicht irgendwo, sondern nur in mir selbst zu finden ist.

Keine Ahnung, was der Auslöser für die Veränderung in mir war. Sicher haben die Begegnungen mit anderen Menschen bei den Glückfindertagen etwas damit zu tun und die Bücher über Persönlichkeitsentwicklung und Glück, die ich gelesen habe. Aber ich habe auch etwas getan, wovon ich schon lange geträumt habe: Ich habe mein erstes Buch geschrieben und veröffentlicht und bin sehr stolz auf mich. Und nicht einmal einen Monat nach der Veröffentlichung führe ich bereits das erste Interview für mein nächstes Buch, in dem es um Selbstliebe gehen soll.

Mein Glücksprojekt ist abgeschlossen. Die zwölf Monate, die ich mir für meine Suche nach Glück gegeben habe, sind vorbei.

Es ist der 31. Dezember, und während am Nachmittag einige voreilige Düsseldorfer schon die ersten Raketen zünden, erinnere ich mich an das vergangene Jahr. Ich habe so viele inspirierende und ermutigende Geschichten gehört. Von Menschen, die dem Tod nur knapp entronnen sind und einen Neuanfang gewagt haben. Von Frauen, die ihre große Liebe oder ein Baby verloren haben, nicht aber den Mut, an das Gute im Leben zu glauben. Von Männern, die erst nach einer Krise bei sich selbst und ihrer wahren Berufung angekommen sind. Bei ihrem ganz persönlichen Glück.

Alles hat einen Sinn. Wären mir einige Dinge, die als Kind und Jugendliche erlebt habe, nicht passiert, wäre ich heute nicht so stark. Ich würde wahrscheinlich nicht über so etwas wie Berufung, Glück oder Selbstliebe schreiben. Das weiß ich nun.

Vor einem Jahr war ich von meinem Glück so weit entfernt, dabei hatte ich es die ganze Zeit vor der Nase. Ich selbst bin mein Glück.

Ich weiß, dass ich sehr viel kann. Mehr als „nur" schreiben. Ich weiß nicht, was mich im nächsten Jahr erwartet. Aber ich denke, es wird großartig. Ich möchte meine Zukunft gestalten und jeden Tag glücklich sein.

Seit ich aufgehört habe, mich selbst zu bemitleiden, sehe ich, wie viele gute Eigenschaften ich habe.

Seit ich aufgehört habe, mich als Opfer zu sehen, erlebe ich einen Tatendrang wie nie zuvor.

Seit ich meine Grenzen erkannt habe, bin ich im Reinen mit mir selbst.

Ja, manchmal schaue ich immer noch zu sehr nach rechts und links – auf jene Menschen, die Erfolge feiern, die ich mir auch wünsche. Aber ich habe erkannt, dass alles seine Zeit hat und dass ein Weg, den zwei Menschen gehen, für sie ganz unterschiedlich aussehen kann. Ein Freund, den ich in diesem Jahr kennengelernt habe, schrieb heute bei Facebook: „Wir setzen uns alle

Ziele, aber nichts kommt über Nacht, und sich selbst mit anderen Menschen zu vergleichen, die Jahre Vorsprung haben, zieht einen mehr runter, als es motiviert. Jeder hat sein eigenes Tempo und das ist völlig in Ordnung so."

So ist es doch, oder?

Ich werde in meinem Tempo weitergehen und schauen, wohin mich das Leben bringt. Ich freue mich auf das nächste Jahr und die Geschichten, die ich hören und erzählen werde. Auf alles, was passieren wird und passieren muss. Ich will mich mit offenen Armen ins Leben stürzen. Voller Freude. Voller Liebe. Voller Glück.

Lektion 21: Glück versteckt sich manchmal

Ach, wäre das ein schöner Schluss gewesen. Sie lebten alle glücklich und zufrieden bis ans Lebensende. Doch das Leben ist kein Märchen. Es geht weiter. Und so erfahre ich nur wenige Tage nach Abschluss meines Glücksprojekts, dass ich noch viel, viel zu lernen habe.

Es fängt mit einer WhatsApp-Nachricht an. Eine Frau, deren Meinung ich bis dato sehr geschätzt habe, teilt mir mit, dass sie von meinem Buch schwer enttäuscht sei. Sie habe es durchgeblättert und gleich in die Ecke geworfen.

Mit ihren Worten stürzt sie mich in einen Abgrund. Mein Herz rast, ich habe das Gefühl, dass mein Kopf explodiert. Wie kann sie so etwas sagen?

Ich stecke gerade zwischen mehreren Interviews zum Thema Selbstliebe und befinde mich in einem Ausnahmezustand. Ich soll in drei Tagen beim nächsten Glückfindertag in Essen davon erzählen, dass ich über meine Reise zum Glück ein Buch geschrieben habe, und fühle mich miserabel.

Zwei Tage nach der besagten Nachricht habe ich mich ein wenig berappelt. Ich poste bei Facebook ein Bild, das einen Kater zeigt, der ein Selbstportrait malt – sich als einen Löwen. Darunter schreibe ich: „Ich liebe dieses Bild, weil es aussagt, dass wir das Beste in uns sehen dürfen. Unsere guten Seiten, unsere Stärken. Oft lassen wir uns nämlich weismachen, dass wir nicht gut genug seien. Manchmal sind es andere Menschen, die uns kritisieren. Manchmal werden wir selbst zum Kritiker. Da bin ich keine Ausnahme. Vor ein paar Tagen hat mir jemand, auf dessen Meinung ich großen Wert gelegt habe, gesagt, dass meine Art zu schreiben nicht gut ist. Das hat mich verletzt und mitgenommen. Heute, mit ein wenig Abstand, weiß ich: Diese Person darf ihre Meinung haben. Das viele positive Feedback zu meinem Blog und meinem Buch zeigt mir, dass ich gut bin. Mehr als das. Dass ich andere Menschen erreichen und etwas in ihnen auslösen kann.“

Ich spreche mit einigen Freunden über meine Situation. Das hilft. Doch etwas hinterlassen die harten Worte der Frau in mir.

Zum ersten Glückfindertag im neuen Jahr fahre ich mit meinem Freund. Er ist als Unterstützung dabei und will mich auf der Bühne sehen. Doch bevor ich einen Abriss meiner Entwicklung gebe, hören wir und die anderen Gäste die Geschichte von Susanne Böhme. Sie hat Ende der neunziger Jahre als eine der ersten Deutschen mit dem Basejumping angefangen und liebt den Sport – auch nach ihrem Unfall im Jahr 2012, als sie gegen einen Felsen geprallt ist. Seitdem ist Susanne querschnittsgelähmt. Schon im Krankenhaus, kurze Zeit nach dem Unfall, hat sie sich mit Mentaltraining beschäftigt und kann mittlerweile auf Krücken laufen.

„Niemand wird glücklich, das eigene Leben nach den Vorstellungen anderer Leute zu gestalten", sagt Susanne.

Sie strahlt so viel Lebensfreude aus, so viel Mut. Ich bin – ebenso wie die anderen Zuhörer – fasziniert von ihrer Geschichte und ihrer Zuversicht. Sie liebt das Leben und sieht sich keineswegs als Opfer ihres Schicksals. Sie hat trotz aller Schwierigkeiten alles erreicht, was sie sich gewünscht hat. Im Jahr 2014 hat sie einen Sohn bekommen. Mit Mann und Kind lebt sie in Karlsruhe und arbeitet in ihrer Werkstatt als Fallschirmtechnikerin. Und den Fallschirmsport betreibt sie weiterhin.

Wie ich solche Geschichten liebe. Sie zeigen mir, dass wir alles schaffen können, wenn wir es wollen. Dass die Kraft unserer Gedanken enorm ist.

Ich fühle mich an diesem Tag, nach dieser Geschichte wieder ganz gut. In der Pause spreche ich mit einer jungen Frau aus Köln.

„Ich habe gehofft, dass du heute auch kommst", sagt sie. „Ich lese gerade dein Buch, das ist wirklich toll."

„Danke", sage ich.

Wir unterhalten uns noch eine Weile über berufliche Erfüllung, sie erzählt mir von ihrem Job und davon, dass sie sich eine Veränderung wünscht.

Als der zweite Teil des Glückfindertages beginnt, bin ich sehr aufgeregt. Meine Hände schwitzen, ich zupfe ständig an meinen Haaren und meiner Kleidung.

Und dann ist es soweit: Andreas holt mich auf die Bühne, ich setze mich neben ihn auf das Zweiersofa, lege mir ein Headset-Mikrofon um und fange an zu erzählen.

Dass ich beim Glückfindertag vor einem Jahr in der hintersten Reihe gesessen habe und eigentlich nur flüchten wollte.

Dass ich mich viel mit Glück und Berufung beschäftigt und zu mir selbst gefunden habe.

Dass ich ein anderer Mensch geworden bin.

Ich lächle, ich scherze. Und ich bin in diesem Augenblick echt. Nach meinem kurzen Auftritt kommt ein älterer Mann zu mir, drückt meine Hand und sagt: „Du hast auf der Bühne so gestrahlt – wie ein Engel."

Der Tag in Essen verfliegt. Der Fotograf Sven Nieder erzählt von seinem Studium und einer Reise nach Grönland, auf der er Bilder von einem Schamanentreffen machen sollte. Vor Ort lernte er eine Frau kennen, die seine Frau wurde.

Wieder bekomme ich ein Gefühl dafür, wie einfach Glück ist. Der Glückfindertag lässt mich alles vergessen, was in meinem Alltag sonst passiert. Ich bin auf das Positive ausgerichtet, auf das Schöne.

Als ich in den darauf folgenden Tagen wieder ins „echte" Leben zurückkehre, spüre ich nichts mehr von der Leichtigkeit und Unbeschwertheit der Veranstaltung. Ich habe einen Auftrag angenommen, von dem ich eigentlich dachte, dass er ganz spannend sein würde. Okay, ich hatte nach dem ersten Termin mit dem Kunden ein schlechtes Gefühl. Und ich wusste nicht, woher es kam. Na ja, vielleicht weil ich den Eindruck hatte, dass ich mich verstelle. Dass ich die furchtbar seriöse und äußerst kompetente Texterin gespielt habe, um den Auftrag zu bekommen. Schließlich lockten mehrere tausend Euro, denn mein Buch hatte mich bis dahin nicht zur Bestsellerautorin gemacht.

Nun ist der Kunde unzufrieden mit meinen Texten für seine Homepage. Er fragt sich auch, wieso es so viele sind, obwohl wir die Anzahl im Vertrag festgehalten haben. Es ist schwierig, es ist zäh.

Und dann treffe ich mich mit einer anderen Autorin – nur so, zum Austausch. Sie ist dreißig Jahre älter als ich und hatte, als wir uns per Telefon verabredet haben, die Idee, dass wir zusammen ein Buch schreiben. Sie liefert den fachlichen Input, ich Geschichten über Menschen. Als ich das beim Treffen anspreche, will sie davon nichts mehr wissen:

„Ach, das. Nein, das habe ich mir anders überlegt. Ich will nicht mit dir zusammenarbeiten. Ich habe mir die Texte auf deinem Blog noch mal durchgelesen und da muss man sich förmlich zu den Geschichten über Menschen durchwühlen. Da sind mir viel zu viele Überzeugungen von dir drin, die keinen interessieren", sagt sie.

Ich weiß nicht, was ich sagen soll. Noch eine Klatsche – mitten ins Gesicht. Mein Herz rast, ich bin sprachlos. Irgendwie bringe ich das Treffen hinter mich; ich will nur noch weg. Wieso kann ich nicht aufstehen, meine Apfelschorle bezahlen und gehen?

Wir tauschen unsere Bücher aus. Meins hat mehr Seiten und ist in einem größeren Format gedruckt. Sie blättert es durch.

„Ach, deine Schrift ist größer. Wenn man sie verkleinert, hat dein Buch auch das Format und die Seitenanzahl wie meins", stellt sie fest.

Ich frage mich gerade, wieso ich mich eigentlich mit dieser Frau verabredet habe. All ihre Kritik nehme ich ungefiltert auf. Als wir uns verabschieden, bedanke ich mich bei ihr für ihre Worte. Ich fühle mich mies.

Die folgenden Wochen verbringe ich damit, die Texte für den Homepage-Kunden wieder und wieder zu überarbeiten, weil er an jedem Wort und jeder Formulierung etwas auszusetzen hat. Am liebsten würde ich auf die zweite Rate, die er noch bezahlen muss, verzichten und alles hinschmeißen.

Mit den Selbstliebe-Interviews pausiere ich; und über Selbstliebe zu schreiben kommt mir gerade einem Hohn gleich. Stattdessen nehme ich noch einen Auftrag an. Auch der ist auf den ersten Blick spannend. Doch es stellt sich heraus, dass hier der Kunde gar nicht so recht weiß, was er braucht. Und dann können meine Texte seine Erwartungen nicht erfüllen. Ich überarbeite – und überarbeite noch mal.

Wann ist meine Arbeit zu einem einzigen Kampf geworden?

Wieso bekomme ich so viel Gegenwind – bei allem, was ich tue?

Bin ich wirklich gut?

Gut genug?

Ich fühle mich wie eine Verräterin. Ich habe ein Buch über Glück geschrieben, heule mittlerweile aber deutlich öfter als ich lächle. Was ist mit den Dingen, die ich in meinem Glücksprojekt gelernt habe?

Habe ich erwähnt, dass mir ein Auto mit französischem Kennzeichen eine Delle in mein Auto gefahren hat? Und dass sich die Angelegenheit seit zwei Monaten hinzieht und ich von der gegnerischen Versicherung kein Geld sehe?

Dass unsere Hausverwaltung dagegen ist, dass ich einen Hund halte?

Ich habe das Gefühl, als hätte sich die ganze Welt gegen mich verschworen. Ich streite mich mit meinem Freund. Ich heule.

Ich weiß, dass ich nicht so denken sollte.

Ich bin Herr meiner Gedanken.

Ich gestalte mein Leben, ich darf mich nicht als Opfer sehen. Alles im Leben hat einen Sinn. Im Grunde bin ich glücklich.

Warum nur glaube ich mir das alles nicht? Irgendwie versteckt sich mein Glück gerade. Und ich weiß nicht, wie ich es wiederfinde.

Lektion 22: Geld allein macht definitiv nicht glücklich

Auch wenn ich sonst nicht viel für mein Wohlbefinden tue, gehe ich hin und wieder laufen. Weil ich gelernt habe, dass Ablenkung wenig förderlich ist, höre ich dabei keine Musik. Ich denke nach.

Also gut. Ich bin jetzt seit einem Jahr selbstständig. Die meiste Zeit habe ich damit verbracht, ein Buch zu schreiben, das sich – sagen wir – mäßig gut verkauft. Mit meinen Auftraggebern habe ich nur Stress. Und gereist bin ich seit Monaten nicht mehr, weil ich mein Geld zusammenhalten will.

Was ist also der Sinn meiner Selbstständigkeit?

Ist sie das Richtige für mich?

Wenn ich eh nur einmal im Jahr verreise, kann ich genauso gut angestellt arbeiten. Dann habe ich wenigstens ein sicheres monatliches Einkommen.

Wenn ich des Geldes wegen eh nicht so frei bin, wie ich gern wäre, kann ich auch wieder einen Schritt zurückgehen und kriege wenigstens bezahlten Urlaub.

Wenn es mir selbst nicht so super geht, wie kann ich dann über Glück und berufliche Erfüllung und Selbstliebe schreiben?

Verrate ich mich dann nicht selbst?

Irgendwie fühle ich mich in meiner Situation so gar nicht glücklich. Und das obwohl ich weiß, dass ich schon alles habe, um glücklich zu sein. Dass ich mein Glück selbst erzeugen kann.

Beim Laufen denke ich darüber nach, was mir Spaß macht und was ich gut kann. Das ist die Basis für berufliche Erfüllung – die Experten, die ich für mein Buch interviewt habe, können sich nicht irren.

Ich schreibe am liebsten über Menschen, ich schreibe lieber journalistische als PR-Texte. Wie wäre es, wenn ich wieder zur Zeitung zurückgehe? Seit ich meinen Angestelltenjob in der Agentur gekündigt habe, habe ich nebenher als freie Journalistin für eine Tageszeitung gearbeitet. Das brachte mir etwas mehr als ein Taschengeld ein.

Der Gedanke, wieder als Redakteurin bei einer Tageszeitung zu arbeiten, beflügelt mich. Ich denke noch einige Tage darüber nach und schicke dem Lokalchef eine Nachricht:

„Ich möchte wieder angestellt arbeiten und wüsste gern, ob bei Ihnen demnächst eine Redakteursstelle besetzt werden soll.

Ich weiß, noch im vergangenen Jahr habe ich Ihr Angebot, während der Urlaubszeit drei Monate fest als Redakteurin zu arbeiten, abgelehnt. Ich habe das letzte Jahr gebraucht, um mir darüber klar zu werden, was ich eigentlich will und was mir wichtig ist. Und dann bin ich viel gereist und habe ein Buch über berufliche Erfüllung geschrieben.

Lange Rede, kurzer Sinn: Ich liebe das journalistische Schreiben – und darin bin ich am besten. Wenn Sie also eine Möglichkeit sehen, mich nicht nur freiberuflich zu beschäftigen, würde ich mich freuen.“

Drei Stunden später bekomme ich seine Antwort:

„Liebe Frau Pavlustyk,

da können wir drüber sprechen. Mailen Sie mir noch einmal Ihre Vita?"

Das tue ich – und habe für den folgenden Tag eine Einladung in die Redaktion.

„Wie kommt es, dass Sie doch wieder in den Journalismus zurückwollen?", fragt mich der Lokalchef, als ich in seinem Büro sitze.

„Ich habe festgestellt, dass die PR-Schreibe nicht meins ist", sage ich.

„Ja, das habe ich mir auch gedacht. Ihnen ist ja Freiheit sehr wichtig. Und bei PR-Texten muss man um jede Formulierung feilschen."

„Genau, genau. Das ist einfach nicht das Richtige für mich. Ich will lieber über Menschen schreiben."

„Sie haben Glück", sagt der Lokalchef. „In gut sechs Wochen geht eine Kollegin in Mutterschutz und wir brauchen jemanden, der über Menschen und Servicethemen schreibt. Wir können Ihnen einen Jahresvertrag anbieten."

„Das ist großartig", sage ich. Und freue mich. Ehrlich.

Ich kann das machen, was ich gern mache und am besten kann. Und es war so leicht! Ich habe nicht einmal eine Bewerbung geschrieben – und bald einen tollen Job.

„Ach, und wegen der vertraglichen Dinge machen Sie sich keine Sorgen. Ich habe meinen Vertrag erst unterschrieben, als ich schon hier gearbeitet habe", sagt der stellvertretende Lokalchef, der beim Gespräch dabei ist.

Gut, denke ich. Und mache mir keine Sorgen.

Ich erzähle meinem Freund und meinen Eltern von meinem neuen Job, nach und nach erfahren es meine Freunde. Ich stelle mir vor, dass ich nach Feierabend und am Wochenende an meinen Büchern weiterarbeite. Das wird schon irgendwie. Hauptsache, ich habe eine sinnvolle Beschäftigung und werde gut bezahlt.

„Aber du hast doch erzählt, dass du auch Stress mit denen hattest", sagt eine Freundin, mit der ich mich wenige Tage nach meinem Termin bei der Zeitung treffe.

„Ja, schon", sage ich.

Einige Texte wurden gekürzt, es gab Missverständnisse wegen des Inhalts, ich habe geheult.

„Aber als angestellte Redakteurin ist das ja etwas anderes, und mein Job früher hat mir doch zu einem Teil auch Spaß bereitet. Und außerdem kann ich mit dem, was ich im vergangenen Jahr gelernt habe, gelassener mit mir selbst umgehen, im Joballtag mehr auf mich achten und so", sage ich. Und habe das Gefühl, als ob ich mich rechtfertige.

„Na ja, wenn es für dich funktioniert. Klar, wieso nicht."

„Ich weiß nicht, wie lange ich den Job machen werde. Aber gerade fühlt es sich richtig an", sage ich.

Und es stimmt. In einigen Momenten fühlt es sich richtig gut an zu wissen, wohin es geht. Dennoch fühle ich mich teilweise rastlos, finde keine Ruhe.

Und dann kommt die Sache mit der Wohnung.

Mein Freund und ich suchen seit Monaten nach einer neuen Bleibe; anderthalb Zimmer sind einfach ein bisschen klein für zwei Erwachsene und zwei Katzen, zumal mein Freund gern wieder in einem eigenen Büro Musik machen würde. Das ist aktuell nicht möglich.

Zwei Wochen bevor ich meinen neuen Job antreten soll, schauen wir uns eine Wohnung an. Sie ist ein Traum: vier Zimmer, hundert Quadratmeter, Balkon, Badewanne, Einbauküche, eine tolle Gegend. Ja, sie liegt preislich eigentlich über unserem Budget. Aber da ich bald ein geregeltes Einkommen habe, ist das ja kein Problem.

Einerseits gefällt mir die Vorstellung, ein eigenes Büro zu haben. Andererseits ist da so ein Gefühl, dass mir das alles eine Nummer zu groß ist.

„Ich weiß nicht, ich bin irgendwie nicht ganz sicher wegen der Wohnung. Sie ist ja schon teurer, als wir wollten", sage ich zu meinem Freund nach der Besichtigung.

„Schatz, die Wohnung erfüllt alle unsere Kriterien. Und du verdienst ja nächsten Monat schon genug Geld dafür", sagt er.

„Ach, keine Ahnung. Bist du dir wirklich sicher damit?"

„Wenn ich mir nicht sicher wäre, würde ich das gar nicht in Erwägung ziehen. Wir schaffen das schon."

Okay, mein Freund ist sich sicher. Ich aber fühle Unbehagen.

Als der Vermieter anruft, hoffe ich, dass er sagt, er habe sich für ein anderes Paar entschieden.

„Herzlichen Glückwunsch", sagt er stattdessen.

„Danke", sage ich.

Ich weiß, es ist jetzt ein Ausruf der Freude angebracht, ich muss mich jetzt freuen. Aber das tue ich nicht. Am liebsten würde ich ihm sagen, dass wir es uns anders überlegt haben. Aber ich kann kein Wort herausbringen. Mein Freund freut sich so auf die Wohnung.

Die Sekunden verstreichen.

„Ich würde die vertraglichen Dinge gern so schnell wie möglich festmachen", sagt der Vermieter.

Zwei Tage später unterschreiben mein Freund und ich den Mietvertrag, hinterlegen die Kaution. Wenn ich anderen Menschen von der Wohnung erzähle, von meinem eigenen Büro und der Wanne vorschwärme, freue ich mich einerseits auf das Neue, die Veränderung. Doch die Zweifel bleiben.

Ich regle einige Dinge, kündige unsere 1,5-Zimmer-Wohnung. Wenn ich von meinem neuen Job erzähle, davon, dass ich über Menschen und Servicethemen schreiben kann, habe ich immer wieder das Gefühl, als ob ich mich rechtfertige. Warum nur? Wo ist die anfängliche Euphorie hin?

Eine Woche vor meinem ersten Tag in der Redaktion habe ich bezüglich des Vertrags noch immer nichts gehört. Aber ich mache mir keine Sorgen. Der Lokalchef und sein Stellvertreter haben es ja deutlich gesagt.

Ich frage noch mal nach, wann genau ich da sein muss, und es stellt sich heraus, dass sich der Arbeitsbeginn um zwei Wochen verzögert. Irgendwelche internen Schwierigkeiten.

Okay, dann habe ich also noch mehr Zeit für mich.

Diese Zeit verbringe ich allerdings nicht mit schönen Dingen. Ich sitze wieder viel zu lange am Laptop, recherchiere wie wild nach Möglichkeiten, neben meinem neuen Job, den ich noch nicht einmal angetreten habe, Geld zu verdienen. Damit ich in einem oder zwei Jahren wieder selbstständig arbeiten kann ... Ich suche und suche und die Zeit verstreicht.

Wann und warum ist Geld für mich so wichtig geworden? Ich weiß, dass Geld allein nicht glücklich macht. Dennoch habe ich Angst, nicht genug zu haben. Ich habe Angst, was sein wird, wenn ich das Rentenalter erreicht habe. Der Rentenbescheid, den ich bekomme, macht alles nur noch schlimmer. Panik steigt in mir auf, wenn ich daran denke, dass ich im Alter Pfandflaschen sammeln muss, um genug zu essen zu haben. Mein Katastrophenhirn schiebt wieder einen Horrorfilm.

Früher war mir Geld deutlich wichtiger als jetzt. Deswegen war mein erstes Auto ein BMW. Deswegen hatte ich, als ich angefangen habe, Geld zu verdienen, Schuhe und Klamotten gekauft, noch und nöcher. Mittlerweile lebe ich größtenteils minimalistisch, ich habe nicht nur meine Kleidung, sondern auch Dekogegenstände und Küchenutensilien reduziert. Dennoch lebe ich in Geldsorgen. Ich habe Angst davor, was morgen sein wird. Oder in zehn Jahren.

Es ist also gut, dass ich erst mal für ein Jahr Sicherheit habe, denke ich.

Und dann, kurz bevor ich den neuen Job beginnen soll, klingelt mein Handy.

„Frau Pavlustyk, Sie wissen ja schon, dass es diese Stelle in der Lokalredaktion nicht gibt und ..."

„Wie bitte?", frage ich.

„Ich dachte, das wussten Sie schon. Zumindest hat man mir das so gesagt."

„Nein, davon weiß ich nichts."

„Da ist wohl etwas bei der Kommunikation schiefgelaufen. Ich habe die Info, dass Sie schon Bescheid wissen. Deswegen rufe ich an, um Ihnen vorzuschlagen, bei uns am Dienstleistungsdesk anzufangen", sagt der Mann, der sich als Leiter einer anderen Redaktion des Verlags vorgestellt hat.

Im ersten Moment denke ich, dass das alles ein Scherz sein muss.

Aber nein: Es zeigt sich, dass interne Dinge dazu geführt haben, dass die Redakteursstelle nicht besetzt werden kann. Zumindest nicht jetzt.

Der Lokalchef der Zeitung, bei der ich eigentlich anfangen sollte, bemüht sich, mich so schnell wie möglich in die Redaktion zu holen. Aber keiner weiß, wann das sein wird. Der eine spricht von ein paar Monaten, der andere von einem Jahr. Aber ich soll warten und vertrauen – und solange am Dienstleistungsdesk „geparkt" werden, wo ich Artikel aus einer Zeitungsausgabe in eine andere kopieren soll.

„Es würde mich freuen, wenn Sie bei uns vorbeischauen. Dann können wir über alles sprechen und ich stelle Ihnen die Kollegen am Desk vor", sagt der Anrufer.

Ein paar Tage später sitze ich ihm gegenüber. Wir unterhalten uns nicht lange, weil ich schon weiß, dass ich sein Angebot annehmen werde.

Was soll ich auch sonst machen? Mein Freund und ich ziehen in Kürze in die große Wohnung. Meine Einnahmen als Selbstständige schwanken extrem; ich brauche das geregelte Einkommen, um die Miete zu bezahlen.

Mein Gehalt wird vor Vertragsunterzeichnung noch ein Stückchen gedrückt, weil ich ja am Dienstleistungsdesk andere Aufgaben habe als ursprünglich vereinbart. Ich akzeptiere auch das.

Kurz vorher erfahre ich dann, dass sich mein erster Arbeitstag noch mal verschiebt. Noch zwei Wochen für mich. Theoretisch. Denn ich kümmere mich nicht um mich, sondern suche und suche.

Ich arbeite an einem Tag ein Buch über Akquise durch und überlege, doch wieder PR-Texte zu schreiben. Ich recherchiere Magazine, denen ich Geschichten anbieten könnte.

Wo ist meine Gelassenheit?

Wo ist mein Glück?

Meine Zufriedenheit?

Nun, zum Teil bin ich gelassen. An guten Tagen denke ich, dass alles gut ist. Dass ich mir das einige Monate anschaue und dann entscheide, wie es weitergeht. An schlechten Tagen schiebe ich Panik und denke, dass von nun an andere Menschen darüber bestimmen, wann ich produktiv sein, wann ich Pause und Feierabend machen soll.

Aber dafür habe ich mich doch bewusst entschieden. Ich wollte doch wieder angestellt arbeiten. Oder?

Am Morgen meines ersten Tages am Dienstleistungsdesk habe ich einen Arzttermin. Danach habe ich noch Zeit und gehe in einen nahegelegenen Park. Dort setze ich mich auf eine Bank, schaue auf den kleinen See hinaus, höre die Vögel zwitschern und die Frösche quaken. Ich spüre die aufgehende Sonne im Nacken und frage mich, wieso ich in den vergangenen Monaten kaum nach draußen gegangen bin. Wieso habe ich DAS nie gemacht? Wieso bin ich nie rausgegangen – ohne Ziel –, um auf einer Bank im Park zu sitzen?

Ich habe das Gefühl, als ob ich meine letzten Minuten in Freiheit verbringe.

Mir ist vollkommen bewusst, dass das alles eine Frage der Einstellung ist. Aber so sehr ich gerade versuche, mir meine Situation schönzureden – es klappt nicht.

Die vielen neuen Informationen, mit denen mich mein neuer Kollege kurz darauf „füttert", lenken mich eine Weile ab. Ich bin beschäftigt. Aber mir wird schnell – sehr schnell – klar, dass meine Arbeit weit entfernt ist von dem, was ich gern mache. Zeitungsseiten zu bauen und Artikel auf ihnen zu platzieren kann entspannend sein. Effektiv arbeite ich jedoch vielleicht nur zwei Stunden am Tag, weil ich auf fertige Artikel warten muss. Die restlichen Stunden surfe ich im Internet, lese dies und das, knalle meinen Kopf voll mit Informationen über Baustellen, Unfälle und Krisen und rutsche immer tiefer in ein Loch, aus dem ich doch längst rausgekrabbelt war.

Ich fühle mich wie ein Alien.

Ich mit meiner Vorstellung von einer sinnhaften Beschäftigung. Mit meiner veganen Ernährung. Mit meinem Medienkonsum, den ich fast auf null heruntergefahren hatte.

Meine Kollegen halten es für selbstverständlich, den gesamten Tag in einem Bürogebäude zu verbringen. Acht Stunden und mehr vor dem Rechner zu sitzen, unzählige Male auf F5 zu klicken, um zu sehen, ob ein Text schon freigegeben ist. Ein paar von ihnen verbringen die Arbeitszeit damit, Fußball- und Hockeyspiele zu schauen. Und sie finden das gut. Ihr Job ist einfach und halbwegs gut bezahlt.

Nein, damit ich kann ich mich nicht anfreunden. Verdammt, das soll jetzt mein Leben sein?

Als ich nach dem ersten Arbeitstag nach Hause fahre, stehe ich neben mir. Ich habe Kopfschmerzen – und ich habe nie Kopfschmerzen. Ich denke an mein Selbstliebe-Buch, für das ich jetzt deutlich weniger Zeit haben werde, und daran, dass ich mit solch einer Laune und solchen Kopfschmerzen keineswegs daran arbeiten kann. Wie soll ich SO nach Feierabend noch etwas anderes machen, als mich vom Fernseher beschallen zu lassen?

Ich will gar nichts tun. Ich habe keine Energie. Ich würde mich am liebsten sofort ins Bett legen. Ich heule.

Als ich nach 20 Uhr nach Hause komme, ist mein Freund nach dem Abendessen vor dem Fernseher eingedöst. Ich gebe ihm einen Kuss, wovon er wach wird, und setze mich aufs Sofa. Er fragt, wie mein Tag gelaufen ist.

Ich schaue auf den Boden. „Es war schrecklich. Ich habe Kopfschmerzen und weiß nicht, ob ich das auch nur einen Monat aushalte", sage ich.

Ich schaue hoch und sehe, dass er nichts davon mitbekommen hat. Er ist wieder eingeschlafen. Ich fange wieder an zu weinen.

Am nächsten Morgen sage ich mir, dass es besser wird. Dass das alles Einstellungssache ist. Ich kann gelassen sein, in der Pause rausgehen. Es wird schon, denke ich.

Doch es wird nicht. Ich stelle fest, dass ich das meiste, was es zu lernen gab, am ersten Tag gelernt habe. Ich lerne und arbeite relativ schnell. Mein Tag besteht zum

Großteil aus Warten. Warten und F5 drücken. Und Online-Artikel lesen. Über eine Frau, die einer anderen zu Hilfe kommen wollte und verprügelt wurde. Über einen Attentäter, über einen Satanisten.

Ich lese seit etwa einem Jahr keine Zeitung und vermeide es, Nachrichten zu sehen, weil sie eben nicht objektiv sind. Weil die Medien immer auf Kontroverse aus sind. Weil sie ein negatives Bild der Welt zeichnen und einen kleinen Ausschnitt der weltweiten Ereignisse zur objektiven Berichterstattung erklären. Weil Redakteure entscheiden, was für Leser interessant ist.

Ich wollte doch über Positives schreiben. Ich wollte Geschichten von Glück, von Veränderung, von Erfüllung und Selbstliebe erzählen. Was ist mit den guten Dingen in dieser Welt? Mit Potenzial? Mit Erfolg?

„Ich werde diesen Job nicht lange aushalten. Ich kann nicht in die große Wohnung ziehen", schreibe ich meinem Freund per WhatsApp.

Es wäre vielleicht besser, ihm das persönlich zu sagen, aber ich habe das Gefühl, dass ich diese Gedanken nicht bis zum Feierabend aushalte. Dass sie sofort raus müssen.

Er ist sauer. Was verständlich ist. Er hat sich nach meinen Aufs und Abs auf etwas Ruhe gefreut. Auf unser neues Heim. Und nun komme ich und verbreite wieder Chaos.

Abends besprechen wir alles. Ich schreibe die Kündigung für die große Wohnung. Ich werde in den sauren Apfel beißen und im schlimmsten Fall drei Monatsmieten für gar nichts zahlen müssen. Vertrag ist Vertrag.

Ich regle, dass wir noch drei Monate in unserer 1,5-Zimmer-Wohnung bleiben können, schreibe meine Kündigung und gebe sie beim Verlag ab. Zwei Wochen bleiben mir jetzt noch, zwei Wochen Kündigungsfrist.

Und obwohl ich weiß, dass mein Einsatz am Dienstleistungsdesk schon in Kürze vorbei sein wird, sind diese Tage kein Zuckerschlecken. Ich habe jeden Tag Kopfschmerzen, hinzu kommen Rückenschmerzen. Auch die habe ich sonst nie. Ich kann kaum etwas essen, obwohl ich eigentlich gern esse. Die Gespräche mit meinen Kollegen sind holprig; sie reden über Fußball, wovon ich keine Ahnung habe. Und wenn ich abends nach Hause komme, habe ich schreckliche Bilder im

Kopf. Von verprügelten Frauen, explodierten Bussen, gefluteten Kellern.

In den zweieinhalb Wochen, in denen ich Artikel aus einer Ausgabe in eine andere Zeitungsausgabe kopiere, schreibe ich kein einziges Wort über Selbstliebe oder Glück. Und als ich dann – endlich! – meinen letzten Arbeitstag habe, nachdem ich meine Schlüssel abgegeben und mich von allen verabschiedet habe, freue ich mich wie ein kleines Kind.

Ich bin wieder frei.

Lektion 23: Glück ist kein Jahresprojekt

Die Tage und Wochen nach dem kurzen Intermezzo am Dienstleistungsdesk bin ich so produktiv wie selten zuvor. Ich schreibe alle Kapitel über Selbstliebe, die liegen geblieben sind. Ich gehe wieder laufen und habe tausend Ideen: für Blogartikel, für Bücher. Ich gehe jeden Tag nach draußen, lege mich auf die Wiese am Rhein und schaue in den Himmel. Ich schreibe – am Laptop und in mein Notizbuch.

Ich will mich jetzt auf das konzentrieren, was mich erfüllt. Das Schreiben. Genauer: das Bücherschreiben.

Keine Ahnung, wie das für mich laufen wird. Mein Freund und ich suchen jedenfalls eine Wohnung, die er im Zweifel allein bezahlen kann. Ich bin so froh, dass ich ihn habe, weil er mich immer unterstützt und ihm mein Glück so wichtig ist, dass er viele Kompromisse eingeht. Ich weiß nicht, ob ich damit erfolgreich sein werde. Aber eines weiß ich: Ich werde keinen Job mehr machen, weil ich Geldsorgen habe.

Ich bin sehr froh, dass das alles so gekommen ist.

Dass mein Tun kritisiert wurde.

Dass ich mich in eine Abhängigkeit begeben habe, wenn auch nur für zweieinhalb Wochen.

Dass ich meine Freiheit des Geldes wegen aufgegeben habe.

Alles hat einen Sinn.

So habe ich gelernt, dass ich gut bin in dem, was ich mache. Dass ich zwischen konstruktiver Kritik und unsachlichen Kommentaren unterscheiden sollte. Dass es wichtig ist, was ich selbst von mir und meiner Art zu schreiben halte – und nicht andere Menschen. Mein eigenes Urteil zählt.

Ich habe gelernt, dass Freiheit für mich der größte Wert ist. Dass ich eine Arbeit mit Sinn machen will, die einen Mehrwert hat und mir etwas bedeutet.

Ich habe gelernt, dass Entscheidungen aus Geldsorgen zu nichts Gutem führen. Und ich schätze, dass ich wahrscheinlich auch gekündigt hätte, wenn ich den Job in der Lokalredaktion bekommen hätte. Ich bin ein anderer Mensch geworden seit meinen Tagen als Redakteurin.

Ich weiß, dass Entscheidungen mit dem Herzen (oder dem Bauch) getroffen werden sollten, nicht mit dem Kopf. Dann sind sie nachhaltig.

Und die wichtigste Lehre aus meiner Geschichte: Glück ist kein Jahresprojekt. Ich dachte, ich würde mir ein Jahr Zeit nehmen, um herauszufinden, wer ich bin und was mich glücklich macht. Und nach diesem Jahr dachte ich, ich hätte es verstanden.

Doch erst die Schwierigkeiten und Krisen danach und mein Umgang mit ihnen haben mir gezeigt, wer ich bin und was mich glücklich macht. Und meine Entwicklung ist damit nicht abgeschlossen. Ich lerne immer noch, ich selbst zu sein. Jeden Tag. Ich will jeden Tag so leben, dass ich abends zufrieden bin, wenn ich einschlafe. Und wenn das mal nicht klappt, mache ich es am nächsten Tag besser. Oder am übernächsten.

Das Leben ist ein Fluss. Und ich bin gerade erst in mein Boot geklettert.

Vielen Dank!

Ich möchte allen Menschen danken, ohne die es dieses Buch nicht gäbe. Allen voran Andreas Gregori, der den Anstoß zu meinem ganz persönlichen Weg zum Glück gegeben hat. Ich bedanke mich bei allen Menschen, die in diesem Buch vorkommen und die ihre Geschichten erzählt haben, damit andere daraus lernen. Ich danke allen Freunden und Wegbegleitern, die mich auch in schwierigen Zeiten ermutigt haben weiterzumachen und dieses Buch zu veröffentlichen.

Und ich danke dir, lieber Leser, liebe Leserin, weil du an meiner Geschichte teilhast.

Über die Autorin

Katharina Pavlustyk wurde 1984 in Russland geboren. Die Liebe zur deutschen Sprache entdeckte sie mit neun Jahren, nachdem sie mit ihrer Familie nach Deutschland gezogen war. Während ihres Germanistik-Studiums schrieb sie als freie Mitarbeiterin für eine Tageszeitung und war nach ihrem Volontariat als Redakteurin tätig. Sie sammelte Erfahrung in der PR-Branche und arbeitet als freie Journalistin und Lektorin.

Von ihr erschienen sind die Bücher „Liebe deine Arbeit – 18 Experten zeigen Wege zur Berufung" (2016) und „Sei dir selbst ein guter Freund – 14 Wege zu Selbstliebe und Glück" (2017).

„Liebe deine Arbeit"

Einer Arbeit nachgehen, die du liebst? Geld verdienen mit deiner Leidenschaft? Dieses Buch zeigt, dass das möglich ist.

In dir steckt ein unglaublich großes Potenzial, in dir schlummern Talente, die ausgelebt werden wollen. Ganz besondere Fähigkeiten, die dich einzigartig machen und dir deine Berufung vor Augen führen. Als du auf diese Welt gekommen bist, wurdest du mit allem ausgestattet, das du brauchst, um glücklich zu sein. Du bist mit (mindestens) einer natürlichen Gabe gesegnet worden.

Diesen großartigen Schatz kannst du bergen. Dabei helfen dir die 18 Experten, die in diesem Buch ihre Methoden und Ansätze der Berufungsfindung vorstellen. Sie zeigen, wie du deine angeborenen Talente erkennen und einsetzen kannst, damit deine Arbeit einen Sinn hat - und einen Wert. Mit Tipps, Übungen, Denkanstößen und Impulsen weisen sie dir die Richtung zu einem Beruf, der dich erfüllt. Zu einer Arbeit, die du liebst. Denn Leidenschaft für das, was du täglich tust, ist die Basis für dein Glück und deinen (beruflichen) Erfolg.

„Sei dir selbst ein guter Freund"

Sich selbst lieben: Das ist eine wichtige Aufgabe im Leben. Selbstliebe ist der Schlüssel zu einem glücklichen und erfolgreichen Leben, weil du die für dich besten Entscheidungen triffst, wenn du mit dir selbst im Reinen bist.

Wenn du dich selbst annimmst – mit all deinen Gefühlen –, wird sich dein Leben verändern. Du ziehst dann das Gute in dein privates und berufliches Leben.

In diesem Buch findest du Geschichten von Menschen, die früher nicht gut mit sich selbst umgegangen sind und oft nach Krisen gelernt haben, sich selbst ein guter Freund zu sein. Daneben liefert der Ratgeber viele Tipps und Übungen, damit auch du Selbstliebe lernst. Damit auch du dich selbst verstehst und deinem Herzen folgst.